健康
結核なし國強し國
主催 財團法人結核豫防會
令旨奉體
結核豫防展覧會
會場 東京府立商工奬勵館

監修者――五味文彦／佐藤信／高埜利彦／宮地正人／吉田伸之

［カバー表写真］
満谷国四郎画「車夫の家庭」
（1908年）

［カバー裏写真］
「健康保険法ヲ定ム」
（1922年4月21日）

［扉写真］
「令旨奉体　結核予防展覧会」のポスター
（1939年）

日本史リブレット 62

日本社会保険の成立

Aizawa Yoichi
相澤與一

目次

本書の課題と日本社会保険史の見方

本書の中心課題は、第二次世界大戦中までの日本における社会保険の成立過程とその諸特徴を明らかにすることである。それをとくに労働・社会問題と労働・社会政策の歴史のなかに位置づけながら行いたい。

なお、論述範囲をこのように限定するのは、形式的には制限された紙幅で多少とも問題を深くとらえるためであるが、内容的には敗戦後の憲法改定による国家体制および国是《こくぜ》の転換とその制度的影響の重大さを重視しながら、日本社会保険の制度的な土台が第二次世界大戦中までに大方形成されたことに着目し、その歴史的土台を明らかにするためでもある。

かかる論述対象の時代的限定は、他面では次のような社会保険史の世界史的な理解にも照応する。すなわち狭義の社会保険史は、独占資本主義への移行期である十九世紀末葉に発する国営労働者保険の段階と、第二次世界大戦後の全国民包括的な「国民皆《かい》保険皆《かい》年金」的な社会保障段階とに大別できる。それ以前は救貧法の時代であり、その後期には社会保険の歴史的土台となる任意的共済《きょうさい》組合《くみあい》保険が展開した。社会保険は歴史的形成体なのである。

ただし、各国における社会保険の具体的な歴史的形成展開は、各国民の個性的な政策戦略の選択として行われる。

その古典的な代表例とされる世界最初の社会保険は一八八〇年代に制定されたドイツの「ビスマルク労働者保険立法」である。これは一八七一年に成立したばかりの「ドイツ帝国」の政府が、工場立法も労働組合立法も未熟なままに、その前年結成のドイツ社会民主労働党に代表された社会主義政党運動が労働者階級運動と結合するのを恐れ、反社会主義的な労働者統合政策の一環として上程し、修正のうえ制定されたものである。この場合でも、帝国直営の慈恵《じけい》的《てき》国営保険によって自主的な労働者の団結と共済保険を掘りくずそうとしたビスマルク首相の上程法案が、事前の共済組合保険（「扶助金庫《ふじょきんこ》」）の普及を基盤にした労働運動と社会主義運動の強い反対をも受けて修正を余儀なくされ、労働者代表が制度運営権をもつ「扶助金庫」の仕組みを取り込まざるをえなくされた。このように社会保険史も、民主主義と福祉をめぐる「階級闘争」とその制度的成果のありようによって規定されるのである。

一八六八(明治元)年の「明治維新《めいじいしん》」で成立した日本の絶対主義的天皇制国家は、ほぼ同時期に成立したこのドイツ帝国に親近性をもち、その政策戦略と制度形成についてドイツを範としそれに影響されることが多かった。しかし、後述のように日本社会保険の形成もドイツ社会保険を参考としながら、資本主義と労働者階級の発達水準の違い、民主主義とりわけ労働者階級の組織的・制度的橋《きょう》頭《とう》堡《ほ》と経済的・政治的活動能力の違いに規定されて遅れ、第一次世界大戦後にいたって現実化するのである。当然、天皇制国家のとる政策戦略は日本的特性をおびた。

それでも、資本主義の発達は日本でも労働者保険を成立させ、やがて国民的社会保険を追加させる。そこで社会保険とはなにか▲について、ついでその日本的特性について最小限ふれて前置きとする。

▼**社会保険とはなにか**　工藤恒夫「社会保険」(大月書店版『社会福祉辞典』)。もっと本格的な論述は、工藤恒夫『資本制社会保障の一般理論』(新日本出版社、二〇〇三年)である。相澤は求めに応じ雑誌『経済』二〇〇三年六月号でその最小限の要点紹介と書評を行った。

社会保険とは、国家またはその事務代行組織を保険者とし、労働者を中心とする国民を被保険者とし、保険の機能をも取り込み生活上の事故負担を集合・分散(プーリング)させて軽減することで、資本主義、とりわけ独占資本主義の資本蓄積過程がもたらす「貧困化《ひんこんか》」、生活不安の激化と労働・社会主義運動を緩和し、もって労働者・国民の「防貧《ぼうひん》」と体制内統合をはかるものである。社会保険は資本主義の生活原則をなす「自立《じりつ》・自助《じじょ》」を集合化して支持しながら、同時に国家および企業の負担による「社会的扶養《ふよう》」を付加し、対立する両原理の統一体として形成・展開される。▲

いずれにしろ労働者保険ないし社会保険は、被保険者による保険料の拠出と保険基金の設定によって、社会的な保険事故(疾病《しっぺい》・老齢・障害または廃疾《はいしつ》と失業など)による稼働生活の中断や停止による生活難を予防しようとする「防貧」制度である。賃金労働者は、労働力販売の自由とともに生産および生活手段から切り離されているという自由(free from)の二重に自由な存在であり、他者とくに企業による雇用に依存してのみ賃金収入をえることができる存在であるから、経済的に独立した存在ではなく、自助だけでは経済生活を保障できない。雇用

▼社会保険における自助と社会的扶養(社会的保障)　社会保険・社会保障に関するこのような考え方は、相澤の『社会保障の基本問題―「自助」と社会的保障―』(未来社、一九九一年)や工藤恒夫論に代表される。

が失われるときには失業して困窮し救済を必要とする「潜在的な受給貧民」▲なのである。

それゆえ彼らだけの助け合いでは生活の持続的安定をえられないので、「防貧」のためにも企業と国家の費用負担による社会的扶養を付加しなければならない。しかも労働者のなかでも低賃金被用者階層はおおむね未組織で低収入であるために自主的共済能力が乏しいので、彼ら(や、さらに貧農や都市庶民など)を被保険者に加える国民的な社会保険にあってはなおさら社会的扶養の比重を増し、社会保障に接近するのである。

保険料の拠出を条件とする社会保険においては、初めから保険料拠出能力がないか、乏しい低賃金不安定被用者階層や失業者には保険料を免除するか、または被保険者から除外し、彼らには別途に公的扶助を給付しなければならない。こうして資本主義経済社会に必然的な暮しに窮する低賃金労働者、低・無収入者に対する救貧扶助制度と、なんとか拠出能力のある一般労働者・勤労者を対象とする社会保険制度は、現代社会保障の二大源流をなす。そして現代においては、その社会保障が雇用および最低賃金の保障などと結合して生存権を保

▼**「潜在的な受給貧民」**　かかる把握はカール＝マルクスの『経済学批判要綱』(一八五七〜五八)の第一篇中の「絶対的貧困」と第二篇中の「自由な労働者という概念の中にはすでに彼が受給貧民(Pauper)、すなわち潜在的な受給貧民であるということが含まれている」による。

●**満谷国四郎画「車夫の家庭」**(一九〇八年)　低賃金労働者の生活。

障する生活保障体系となるのである。

ところで、社会保険は通常、任意的な労働者共済のかなりの普及を前提および基盤とする国営労働者保険として形成され、そして社会保険の管理運営に労働者代表が参加しそれを規制した。産業民主主義の高度発達と社会保険の発達は対《つい》をなした。ところがとくに戦前・戦時における日本の共済保険も社会保険も、官業主導で労働者側の実質的な規制的参加を排除し、企業と国家に統御された。こうして社会保険も一方では天皇制国家の官僚主義的位階制を補充し、「官民格差」と身分的な階層差別を支えた。日本社会保険はまた、民間でも企業別分断的な経営家族主義的労務管理を補充する装置とされた。そこで日本社会保険は、民間でも企業別に差別・分断的なものとされ、したがってまた甚だしく階層差別的なものとされた。

その産業経済的な背景としては、「二重構造」などといわれた大企業と中小・零細企業間の顕著な不均等発展があり、さらに企業横断的な労働者の団結および共済・協同組合組織化の欠如や弱さがあり、その基礎上での労働市場の分断と、企業規模別の企業の「支払能力」格差と労働者集団の組織力・交渉力の違いや欠如があったはずである。さらにまたその基礎には、天皇制国家による高率の地租《ちそ》が強めたところの高率年貢を強いた半封建的《はんほうけんてき》な地主《じぬし》・小作《こさく》関係と、男尊《だんそん》女卑《じょひ》の性差別と、膨大な相対的過剰人口・産業予備軍の圧力のもとでの、企業および規模別に分断的で重層差別的な、賃金および労働諸条件と企業福利厚生の有無・程度と労働関係の違いがあり、それにはなはだ階層差別的な社会保険が照応し、それらが軍事官営企業主導の企業主義的および身分階層差別的な労働者の分断支配を支えたのである。

①日本的な資本主義の救貧制度と共済組合

日本資本主義と社会政策史の時期区分

イギリスが世界の工場として世界市場に君臨し、欧米露列強が中国への進出と、その足場としても日本の開港強制を競っていた十九世紀半ばすぎの一八六八(明治元)年に、日本は王政復古《おうせいふっこ》を宣言した。明治維新《めいじいしん》である。それは、爛熟した封建《ほうけん》制度だった徳川幕藩《とくがわばくはん》体制の矛盾激化と危機を基礎に、資本主義世界市場拡大の波濤《はとう》を受けての鎖国《さこく》放棄・開国《かいこく》の外圧を契機として、天皇制(ネオ)絶対主義国家への転換を強行するものであった。封建制の解体的再編を通じて絶対主義的天皇制国家の財政基盤形成のために導入された一八七四(明治七)年の「地租改正《ちそかいせい》」は、廃藩《はいはん》で領主《りょうしゅ》制を廃止し農民に土地所有・売買権を認めるかわり、土地収入に高率の地租を課すものだった。地租改正は、幕藩体制下の高率旧貢租の水準に相当した地租を豊凶に関係なく定率金納で収納させるものだったから、自作農《じさくのう》の没落と地主《じぬし》をかねた金融商人による土地買収を促進し、寄生《きせい》地主▲制を中心に地主・小作関係の大拡張をもたらすことになった。このように天皇

▼**寄生地主制**　明治維新以降、第二次世界大戦後の農地改革まで日本の農村に存在した支配的な土地所有＝高率年貢収奪制度であり、高率小作料と家計補充的低賃金の相互補充関係によって日本資本主義の確立と労働者・農民の貧困化をもたらし、地主の政治進出を進めて天皇制を支えた。

▼**治安警察法**　そのとくに第十七条における労働条件に関する団結と団体行動における「暴行脅迫」「公然誹毀《はいき》」、争議のための「誘惑」「煽動」の禁止規定が労働運動の抑圧に用いられた。

制国家の収奪は、これらの半封建的諸要素をつくりだしながら、それらを取り込んでの国家資本主義を促成した。

この明治維新から第二次世界大戦までを日本資本主義史として時期区分すれば、日清《にっしん》・日露《にちろ》戦争を通じての産業資本主義確立と、第一次世界大戦（一九一四～一八年）を通じての独占資本主義確立と、日中《にっちゅう》戦争以後の戦時体制（＝戦時国家独占資本主義）の時期に区分できる。また、ごくおおまかに社会政策史的に区切るとすれば、第一次世界大戦以前を第一期、それ以後を第二期、日中戦争以降の戦時を第三期と区分できる。

第一期には、専制的な天皇制国家が「富国強兵《ふこくきょうへい》」「殖産興業《しょくさんこうぎょう》」政策をとり、国家主導で資本の本源的蓄積から産業資本主義の確立へ向かい、そしてそれに重ねて侵略的帝国主義政策を進めた。その二十世紀初頭に労働・社会運動が勃興し労働争議が続発する。これに対し一九〇〇（明治三十三）年制定の「治安警察《ちあんけいさつ》法《ほう》▲」に依拠する弾圧、さらにとくに一〇（同四十三）年の「大逆事件《たいぎゃくじけん》▲」における大弾圧で、社会主義と労働運動を「閉塞《へいそく》▲」に追い込んだ。その反面、翌年の一九一一（明治四十四）年に欠陥の多い「工場法《こうじょうほう》▲」（四一ページ参照）がようやく制定され、

▼**大逆事件**　明治天皇の暗殺を計画したとして数百人が逮捕され、国際的非難のなか、急遽、幸徳《こうとく》秋水《しゅうすい》ら一二人が死刑、一二人が無期懲役、二人が有期刑に付された。相談に加わった管野《かんの》スガらを除き、大部分が無実であった。

▼**閉塞**　大逆事件当時、大方の文筆家が沈黙するなか、石川啄木《いしかわたくぼく》が事件の年に「時代閉塞の現状」と題する批判的評論を執筆した。

▼**工場法**　大逆事件弾圧の翌年に、明治二十年代から懸案とされた「工場法」がようやく制定された。同法は、常用一五人以上の工場などでの一二歳未満の就業禁止と「保護職工」（一五歳未満および女子）の一二時間以内への労働時間制限などを定め、当面一五年間女子の深夜業も二交代制なら容認すると定めた。鞭《むち》付きの欠陥多い飴《あめ》であった。

五年後の一六(大正五)年から実施される。

第二期に、日本はヨーロッパを主戦場とした帝国主義戦争である第一次世界大戦に参戦して、アジアでのドイツの獲得権益を奪い、軍需輸出増を享受して漁夫《ぎょふ》の利《り》をえ、軍事優先の(奇形的)重化学工業化を進め、帝国主義列強の後尾につくまでに成り上がる。

しかし、大戦中に急増した労働者たちを中心に一般民衆の労働・生活条件が悪化し(労働時間延長、米価をはじめ消費者物価の騰貴による購買力低下など)、一九一七年ロシア革命▲の衝撃が全世界をゆさぶるなか、日本国内でも労働争議が続発し始める。そのうえ一九一八(大正七)年に「米騒動《こめそうどう》▲」が発生して全国に波及し、鎮圧のために軍隊が出動した。それも影響し一層労働争議が累増していくなかで、懐柔的《かいじゅうてき》統合をはかる労資協調主義的政策も短期間台頭し、その末期に企業別労務管理をも補強する制度として、一九二二(大正十一)年に「健康保険法」が制定され、五年後の二七(昭和二)年から実施される。

さて、もう少し補足しよう。すでに明治期から経済的に無理な背伸びを重ねた日本資本主義は、寄生地主制のもとに大量の小作貧農をかかえ、他方、都市

▼ロシア革命　一九一七年の「二月革命」をへて、レーニンが率いたボルシェヴィキ派が主導した「十月革命」で、世界最初の未熟な社会主義政権が十一月七日に成立し、八時間労働制、「社会保障」規則などを発令した。ロシア革命は世界を驚愕《きょうがく》させ、革命的危機の波を喚起し、反革命干渉戦争を呼び起こし、「一国革命」に終るが、その後も世界史に多大の影響をおよぼした。

▼米騒動　大戦中の投機的買占めで米価が暴騰し生活苦が増すなか、同年七月富山に発し九月までのあいだに農民・労働者などの大衆が米の安売りを要求し襲撃をともなった未曾有《みぞう》の大衆運動である。一道三府三七県に拡大した。寺内正毅《まさたけ》内閣は騒擾《そうじょう》事件として鎮圧し大量の検挙・起訴を行うが、退陣に追い込まれ、原敬《たかし》首班の「政党内閣」にかわる。

に大量の低賃金労働者と失業者と雑業貧民をかかえ、それらが労働者・農民の貧困化を招き、国内市場を狭隘《きょうあい》化させ、その矛盾増大を海外への帝国主義的侵略・拡張で糊塗《こと》しようとする。また明治期以来、日本経済は未熟な技術力と不足した資本を海外からの調達で補うとともに、女工《じょこう》中心の低賃金・無権利の劣悪労働による低コストを武器に貿易のソーシャル・ダンピング▲で外貨を稼ぎ、「富国強兵」を進めた。

日本経済は第一次世界大戦後に軍需ブームの終焉と一九二〇(大正九)年反動恐慌《きょうこう》に見舞われ、世界市場での競争激化とソーシャル・ダンピング批判にあってゆきづまりを深めていく。農民たちは最大の副業産物である繭《まゆ》と生糸《きいと》の価格と米価の低下により、また労働者たちは劣悪労働条件の一層の引下げと解雇の増大による低賃金と失業・半失業の蔓延《まんえん》のため、生活が貧困化し、鉱工業と農業、都市と農村において凄惨《せいさん》な闘争が激化した。天皇統帥下で軍部に制覇された国家は、それらの諸矛盾のはけ口を軍国主義的侵略の拡大に求めた。

その侵略戦争は、一九三一(昭和六)年の満州事変《まんしゅうじへん》と傀儡《かいらい》・満州国《まんしゅうこく》の建国をへて、三七(同十二)年の日中戦争勃発から太平洋戦争の敗戦にいたる十五年戦

▼**ソーシャル・ダンピング**　競争相手を市場から排除するために一時的に利潤を度外視して安売りをすることをダンピングといい、とくに低賃金・長時間労働を競争の武器とすることをソーシャル・ダンピングという。

争となる。日中戦争以降の第三期(「戦時体制」期)に、日本は天皇の名のもとに自国の約三〇〇〇万人の命を失わせるが、諸外国に対してはそれをはるかに上回る膨大な殺戮《さつりく》を行い、被占領諸国人民の激しい抵抗と連合国軍との太平洋戦争を招来させて大敗し、一九四五(昭和二十)年八月十五日の降伏となる。

日本的な救貧制度と企業共済組合の展開

社会的「防貧《ぼうひん》」装置としての社会保険が形成される社会政策史的前提として、一般的には任意の慈善《じぜん》事業と併行にその救貧《きゅうひん》機能の限界を超える公的介入である救貧法による公的救貧扶助《ふじょ》制度が展開するとともに、自主的共済《きょうさい》の普及が求められる。

しかるに近代日本では、ながらく「人民相互の情誼《じょうぎ》」つまり「隣保相扶《りんぽそうふ》・親族相救《そうきゅう》」を救済原則とする一八七四(明治七)年布達《ふたつ》の「恤救規則《じゅっきゅう》」が存続し、昭和恐慌下の塗炭《とたん》の窮乏と社会不安に迫られて、二九(昭和四)年に制定され三二(同七)年にやっと実施された「救護法」においてはじめて国家による救護義務が確認されたが、なおも国民に受給請求権を認めない慈恵《じけい》主義を貫いた。

戦前日本の救貧制度のもう一つの特徴は、富国「強兵」政策に対応し、一八七五(明治八)年の太政官達《だじょうかんたっし》第四八号および第一四八号に発する高級軍人向けの特権的な軍人恩給《おんきゅう》制度が適用されない下士兵卒《かしへいそつ》向けの軍事扶助立法の進出である。それは日露《にちろ》戦争下、一九〇四(明治三十七)年二月公布・実施の「下士兵卒家族救助令」に発する。それも第一次世界大戦下の一九一七(大正六)年公布、翌年実施の「軍事救護法」にいたると、公民権は停止されず再調査願いを許容し、救護法を凌駕する内容に達した。戦時体制開始の一九三七(昭和十二)年に公布・実施された全額国庫扶助の「軍事扶助法」が実施されると、ただちに被扶助者数でも扶助額でも救護法による扶助を超えた(小川、一九六四。日本社会事業大学救貧制度研究会、一九六〇)。

なお、労働運動はもちろん学界でさえ公的救貧制度に無関心だったことを重視すべきである。公的救貧が稼働能力ある者を排除したことの反映であろう。またその無関心が公的救貧を異常に低劣なものに留めるのを容易にした。▲

さて、本来、救貧扶助制度は「スティグマ」を備えることで、受給を忌避《きひ》させ、受給による「惰民《だみん》」化の防止をはかる一方、慈善の組織化によって自助的な共済

▼公的救貧への無関心　一八九八(明治三十一)年創刊の横山源之《よこやまげんの》助《すけ》著『日本の下層社会』は公的救貧を蔑視《べっし》し、一九二五(大正十四)年創刊の細井和喜蔵《ほそいわきぞう》著『女工哀史』には言及さえなく、一九二九(昭和四)年創刊の鈴木文治《ぶんじ》著『労働運動二十年』にも言及がない。他方、学界と言論に最大級の影響をおよぼした河上《かわかみ》肇《はじめ》は、ベストセラー『貧乏物語』でもそれに言及せず、『経済学大綱』や『資本論入門』でさえ受給貧民問題にまったくふれなかった。

を奨励することで救貧扶助の節約をうながした。こういう関係が進展した十九世紀のイギリスでは、自主的で自助的な労働組合共済と「友愛《ゆうあい》組合」が発展し普及した。欧米諸国ではほぼ一般的に自主的な団結と共済組合の発展が先行し、その基盤の上に労使代表が参与する国営労働者保険が成立する。

しかるにわが国では、官僚的な「労働保険」構想と企業共済が重なりあって形成され、いずれも労働者の「自主性▲」を排除する方向に展開する。

なるほど日本でも産業資本主義の確立期、明治三十年代に最初の労働組合運動の高揚が出現し、職工《しょっこう》間に自主的な団結と共済▲が芽生えたが、主体的な幼弱と「治安警察法」(後述)による弾圧でつぶされ、官僚と資本家が支配するところの企業別分断的な主従的労資関係を補完する企業共済が拡張されていく。

大企業は官憲による団結の抑圧と抱合させつつ、経営家族主義を標榜し、従業員の拠出に企業の財政支援を加えて企業の側から共済組合をつくり、あるいは一方的な企業の救護組織をつくるかして、家長《かちょう》主義的な企業福利厚生で従業員の企業内統合＝服従をはかり、団結ばかりか自主的共済をも封じたのである。

その傾向を代表したのは、まず一八九七(明治三十)年に当時三六一九人を雇

▼自主性　戦前・戦時の日本社会政策論史におけるキーワード。風早八十二《かざはやそじ》著『日本社会政策史』の戦後「新版に寄せる」で、「検閲を斟《しん》酌《しゃく》して『自主性』という言いあらわしをとったが、明確にいえば、一切の政治的自由の回復、すなわち、思想・言論・集会・結社の自由、ことに労働組合、市民組織および農民組織の完全な合法性、罷業権、中央・地方政治の民主的組立て……」の実現をさすものとした。相澤は民主的規制力を重視する。

▼団結と共済　一八九七(明治三十)年の職工義友会《ぎゆうかい》の「職工諸君に呼す」や「労働組合期成会設立趣旨」において、自助《じじょ》・自尊《じそん》を高める自主的共済組合を創設する呼びかけが行われ、同年誕生の鉄工組合において職能別組合をモデルとする自主救済の企図がみられたが、すぐに衰滅した。

用した巨大企業・長崎三菱造船所に創設された職工救護基金であった。それは企業の強制力をもって職工たちからも拠出させ、最盛時二〇〇〇人だった鉄工組合よりも優れた給付を行った（池田、一八八二）。もっと有名な代表例は、鐘《かね》紡《ぼう》（旧、鐘淵《かねがふち》紡績株式会社）の共済組合である。それは、まだ労働争議が続発していた一九〇五（明治三十八）年に家長的「温情」主義を強調する社長武藤武治《むとうたけじ》の提唱で創設された。そして労使が保険料を拠出する強制的共済保険組織として、疾病《しっぺい》および死亡給付のほか養老《ようろう》および廃疾《はいしつ》（不治の疾病・障害などで稼動能力のない状態）年金保険制度を備えた。しかし保険料を拠出する従業員は運営から除外された。家族主義的「温情」を羊頭《ようとう》とし、企業への隷属《れいぞく》的統合をはかることを狗肉《くにく》とした（後藤・近藤、一九四二。佐口、一九七七）。

このころから大企業の共済組合が漸増していったが、大方が冠婚葬祭《かんこんそうさい》対応中心の貧弱な福利厚生組合にすぎず、民間では鐘紡共済組合は例外的だった。

本質的にはやはり企業福利共済だったが、社会保険の経営社会政策的な代替としては、官業共済組合のほうが有力であった。それらは勅令により法的強制をもって設置・運営された。とくに国鉄共済は多数の官営事業共済のモデルとされ、日本社会保険の一分野となる共済組合保険の土台となる。鉄道国有化が行われた一九〇七(明治四十)年に勅令《ちょくれい》によって設立された「帝国鉄道庁救済組合」に始まり、翌年に「鉄道院救済組合」と改称された。それは当初ドイツ社会保険の経営版として起案されたが、時期尚早として疾病および年金給付は削除された。それでもなおこの救済組合は、労使の拠出をもとに負傷・死亡・老衰について給付を行い、とくに業務上の災害補償制度を法的に備えた点で工場法による労働者保護に対応し、画期的なものだった。

それは、鉄道国有化においてかつて一八九八年に上野・青森間全線ストライキを決行したほどの交渉＝闘争力をもつ日本鉄道機関方などのおよそ九万人の労働者(当時の全工場労働者数の約九分の一)を吸収し、彼らを「国鉄大家族主義」に統合し包摂するための制度であった。その後種々改良を加えられ、とくに「米騒動」と労働運動の躍進がみられた一九一八(大正七)年に「鉄道院共済組合」と改称されて再発足した際には、退職および廃疾年金制度を追加し、給付が公傷・廃疾・疾病・退職・遺族および災厄《さいやく》給付に拡張され整備された(後藤・近藤、一九四二。佐口、一九七七)。

これらの官営企業共済組合は勅令によって設置され、各企業の従業員の大部分を占めた現業および低身分職員(雇員《こいん》・傭員《よういん》)を対象とする公的給付制度を備え、国鉄のほか印刷局・造幣局・専売局などに設置され、一九二六(大正十五・昭和元)年までに拡張されていった。

彼らの上に立つ特権的な少数高級官僚(官吏)たちには、かねて一八九〇(明治二十三)年制定および改定の「官吏恩給法《おんきゅう》」「官吏遺族扶助法」「軍人恩給法」による「恩給制度」▲が行われていた。

ともあれ、こうして特権官僚を除く労働者・職員層を組織した官営大企業の共済組合では、社会保険の事務を代行できる組織と事務能力が準備された。たしかに一九一八年の鉄道院共済組合への移行において、企業共済組合のなかに保険技術をも活用しての社会保険的給付の改良が取り込まれた。

それには社会的理由があった。おりしも第一次世界大戦時に熟練・半熟練労働力が不足するとともに労働争議が急増しつつあったので、分断的な企業別の改良によって労働者の分断的統合と定着をはかる一施策として共済組合を改良し、その運営に従業員代表を参与させる例もふえつつあったのである。

▼**恩給制度**　明治時代以降、天皇制国家が、高級軍人および官吏が一定の資格要件を満たして退職するか死亡したときに本人または遺族に給付した恩恵的な特権的給付制度であり、本人の拠出なし。現在残存する恩給法は、一九二三(大正十二)年法が修正を重ねたもの。

もちろん非自主的で経営家族主義的・労務管理補充的な「福利厚生」施設としての企業共済組合は、第一次世界大戦時に躍進した重工業の大企業の共済組合においてさえ技能と交渉力を増した労働者たちの必要と要求の増大に応えられず、彼らの不満を増大させていた。そして都市において急増した重工業の男性労働者家族の農村からの分離と自立が増し、団結権の要求と階級意識が増し、争議に立ち上がる人びとがふえるなかで、企業が企業別労使協議による団結のすりかえ策として「工場委員会」を導入する例が増えた。この工場委員会による労使代表間の協議制の導入と絡み合わせて共済組合の運営にも労働者代表を参与させる企業が増大した。しかし、あくまでも共済の事務は企業内部で会社側だけの役員の監督下に処理され、企業からの自主性は認められず、労務管理補充的な慈恵組織にとどまった(津田、一九七二)。

しかも企業共済組合は大企業の組合でさえ医療費補償などが必要十分には程遠く、労働運動の急成長と労資関係の緊張激化のもとで国営傷病《しょうびょう》保険(労災および疾病保険)の導入を迫られることになる。▲

さらに問題だったのは、大多数の労働者を雇用した中小零細企業領域では労

▼**共済組合の展開**　坂口正之著『日本健康保険成立史論』が共済組合の展開についても詳しい。同書は、共済組合から健康保険組合への展開について、労働者の医療(費)ニーズを共通の背景的土台とし、労資関係の緊張激化の緩和をはかる協調主義化の必要緊迫を転回の契機として論証しようとした。

働および福祉条件が極度に劣悪で災害と疾病も多かったのに、内容の貧弱な共済組合さえ中小零細企業労働者対象には普及しなかったことである。共済的福利の欠如によって企業規模間の格差は拡大された。中小企業労働者たちをも被保険者とする社会政策的な社会保険がなければ、このような限界と矛盾を糊塗《こと》できなくなっていたのである。

このように戦前日本の企業共済組合は、資本・企業の支配下に労働者を事業所別・企業別に分断して包摂する代替組織として組織され、労働者の経済および福祉ニーズの小部分に慈恵（温情主義）的に対応し、労働者たちの自主的な団結と共済活動を他の治安維持制度をも併用して抑圧し、かれらの成長を阻んでそらし、労務管理を補強するために用いられた。そして戦後の企業別組合と「日本的労資関係」形成の一布石となる。つまり階級的・横断的な団結はもちろん自主的・横断的共済をも排除し、企業の労務管理補強をはかる事業所別・企業別組織だったのであり、そのようなものとしてしか社会保険の形成に転用されなかったのである。

戦前日本の労働組合運動は受給貧民問題（pauperism）にほとんど無関心であ

ったほか、労働者自助運動の一基本領域である相互保険的共済組合運動でも民主的橋頭堡《きょうとうほ》を確保できなかった。

このことを含めて後発国日本での経路は顛倒的であり、自主的共済の普及もなしに「労働保険」の起案が行われる。日本の国家官僚は明治期からドイツを日本帝国建設の範例として学ぶ趨勢のなかで、とくに「ビスマルク社会保険」に刺激を受けた。労働者疾病保険については、最初に政府内で工場法案が議せられた明治二十年代から内務省《ないむしょう》官吏後藤新平《ごとうしんぺい》▲が三度にわたり起案し具申した。

ちなみにその三度目の一八九七年の「労働者疾病法案」は詳細なものであったが、その法案を添付した伊藤博文《ひろぶみ》総理宛の「救済衛生制度ニ関スル意見」書のなかで、「所謂《いわゆる》国民生産力ノ本原トハ何ゾ即チ国民殊《こと》ニ中人以下賤民労働者ノ健康是《これ》ナリ」（佐口、一九七七）と、労働者を「賤民労働者」と呼ぶ階級的偏見と生産政策的観点を表明した。

後藤と後藤を補佐して諸法案を起草した窪田静太郎《くぼたしずたろう》らは、日清《にっしん》戦争を契機とした産業資本主義の形成、自由民権抑圧後の農民・労働者運動の台頭に注目し、社会主義を予防し天皇制国家の安泰をはかる見地に立って生産力増強、公衆衛

▼後藤新平　一八五七〜一九二九年。行政官、政治家。岩手県水沢《みずさわ》の出身、内務省勤務。台湾民生長官、貴族院議員、満鉄《まんてつ》初代総裁。逓信《ていしん》相兼鉄道院総裁、内相・外相・東京市長を歴任。

●後藤新平が伊藤総理と議会に提出した建白書の草稿（一八九五年八月十五日付）　鶴見祐輔著『後藤新平』第一巻（勁草書房、一九六五年）によると、「明宰相《めいさいしょう》」などと伊藤の心を悦《よろこ》ばせつつ、「建設的社会制度」を実施して、「国家百年ノ長計」を樹《た》てることをすすめ、「貧富隔絶《かくぜつ》　生存競争ノ潮流次第ニ急激トナリ、終ニ破壊的社会主

義ノ発動ヲ見ル」ことは黙しがたく、およそ一〇〇〇万円の予算をこれに使用することを進言するあたり、後藤がいかに用意周到であったかを窺わせるものがある、といわれた。

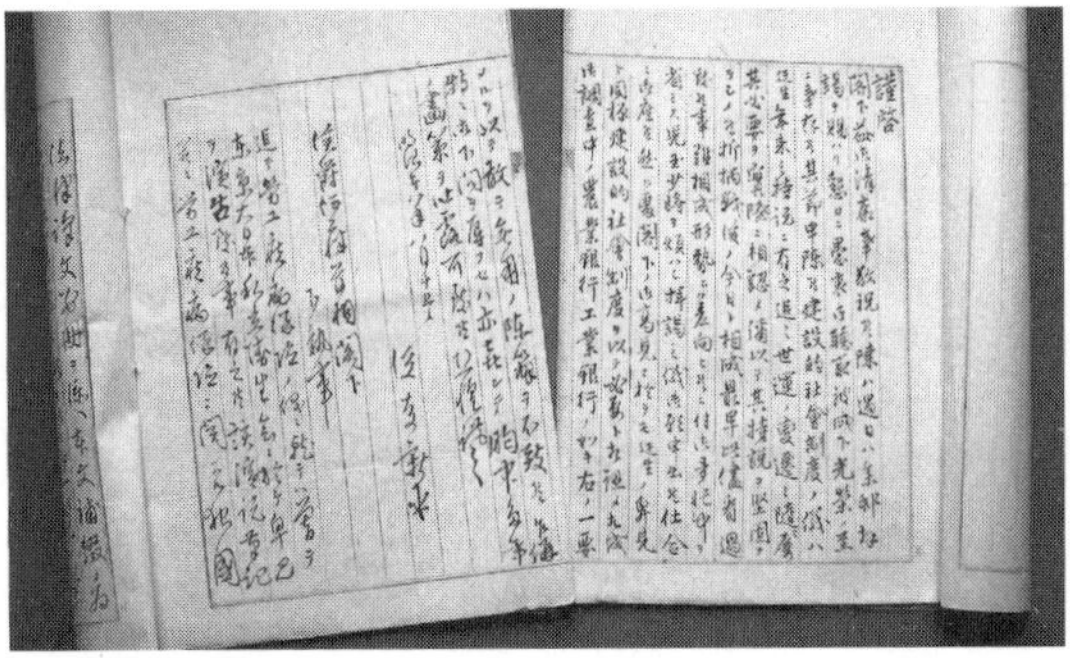
謹啓

生、防貧など多元的視点をもって提案した、といわれる(池田、一九八二)。

ともあれ後藤らの労働者疾病保険法案(佐口、一九八七)は、その第一条にみられるように従業員を一〇〇人以上雇用する企業が疾病保険組合を設置することを命じ、第五条で労働者が掛金を拠出し使用者はその掛金の一部を補給する義務を定めた。つまり一定規模以上の企業に企業共済保険の設置を義務づけようとしたのである。

窪田静太郎は、自助奨励の観点から救貧制度の欠如を幸いとし、台頭しつつある企業共済組合の発展を好都合とし、これを基礎に疾病保険を構築すべきであると提唱していた。早くも国家的戦略として企業共済組合をはじめとして労働者の企業別管理統制を奨励し、それを基礎に疾病保険法化をはかる構想があらわれていたのである(池田、一九八二)。

いずれにせよ、かれらの疾病保険法案は工場法優先論を含む時期尚早論によって斥けられ、社会政策的福祉が欠如するなかで、個別大企業がその欠如を企業内共済福利でごく部分的に穴埋めし、労働者を企業内に分断的に取り込もうとする企業共済組合が漸増していったのである。

② 健康保険法の成立へ

労働・社会運動の高揚と協調主義的政策

資本主義の矛盾激化を基因とする第一次世界大戦の惨禍《さんか》は、革命的危機を誘発した。一九一七年のロシア革命はヨーロッパを中心に世界中に波紋を広げた。革命に対する反革命の国際的干渉戦争で、革命は結局ロシア一国に押し戻されたが、世界的に労働者階級への大きな譲歩を含む社会改良と労資協調政策が喚起された。国際的には「国際労働機関(ILO▲)」が設置された。とくにヨーロッパ資本主義の中心地ドイツでは、「一九一八年十一月革命」の圧殺と引換えに「十一月労資協定」とワイマール憲法▲が成立し、生存権▲と労働権・労働基本権▲が発祥する。

日本は第一次世界大戦に日英同盟を名目に参戦し、戦火を交えることなく中国青島《チンタオ》の占領などドイツが略取していた権益を奪いとり、軍需で膨大な高利益をえ、戦争成金《なりきん》が簇生《そうせい》した。軍需産業中心に重工業が躍進し、そこで働く労働者も急増し、一時的に労働力不足も生じ、賃金も上昇し、一部の熟練労働者た

▼国際労働機関(ILO)　ロシア革命の影響への対応と国際公正競争条件の確保のために一九一九年のベルサイユ講和条約に基づき国際連盟の一機関として設立された。労働基準と社会保障の国際的最低基準をILO条約や勧告などで整えようとして活動する。わが国は創立当初から理事国として参加し、一九三八(昭和十三)年に脱退した。ILOは加盟国の政労使三者構成代表団が参加する総会、理事会、事務局からなる。

▼ワイマール憲法　一九一八年十一月革命により帝政が崩壊したのち、翌年七月にワイマール市で開催された国民議会で採択され、一九三三年、ヒトラーの独裁政権とともに失効するまで行われた民主的憲法である。ドイツ革命が社会主義革命に発展するのを阻止するために労働者階級に譲歩し大幅に改良的権利を理念的に認めるものであったが、他面、大統領に過

ちは厚遇された。

　しかし、一般労働者たちは、労働時間が延長され、労働強化も推進されて、労働苦と労働災害が増大した。また投機にあおられ米価を中心に物価が騰貴して実質賃金が引き下げられ、生活苦が増した。そこで企業・使用者側の暴利と戦争成金《なりきん》の簇生《そうせい》に対する労働者たちの不満と怒りが噴出し、団結と争議が急増した。ロシア革命と米騒動《こめそうどう》の衝撃も大きく影響した。

　この間に若干の新技術の導入をともなう「産業合理化」と労務管理の改編により、旧熟練（旧来の勘と手先の技能を要する「手工」的熟練のこと）の陳腐《ちんぷ》化も多少進んだ。従来、旧熟練を基礎に一般労働者を統括し、ときに労働者たちをまとめ争議の主役になることもあった旧来の親方的熟練労働者たちを介する間接的労務管理が後退し、企業による直接的な労働統括が主流となることで、労資が直接対応し対決する近代的な労資関係が成長した。▲

　明治時代以来、経済基盤の脆弱《ぜいじゃく》さを強権で埋めあわせてきた天皇制国家は、海外からの革命波及の脅威に極度におびえ、第一次世界大戦末期以降の労働・社会運動の大きな高まりに対し、短期間、抑圧と企業別労資協調化を併用する

大な権限を付与することで合法的に民主的権利を侵害することを容易にした。

▼生存権　人間らしい最低限度の生活を営む基本的人権《きほんてきじんけん》。日本国憲法では第二十五条が「健康で文化的な最低限度の生活を営む権利」を保障している。

▼労働権・労働基本権　労働権とは働く権利をさし（日本国憲法第二十七条）、労働基本権とは「勤労者の団結する権利及び団体交渉その他の団体行動をする権利」（日本国憲法第二十八条）である。

▼労資関係の変化　隅谷三喜男・小林謙一・兵頭釗著『日本資本主義と労働問題』第三章第四・五節のほか、池田信著『日本的協調主義の成立』、森喜一著『日本労働者階級状態史』、坂口正之著『日本健康保険成立史論』が論及している。

「日本的労資関係」の形成をはかった。が、まもなく「治安維持法《ちあんいじほう》」▲と「特高《とっこう》警察」▲に代表される極度の強権的抑圧体制に収斂《しゅうれん》していく。

そうなる前のロシア革命と米騒動直後における労働・社会運動の大高揚のもとで、短期間、「改良」的譲歩による懐柔政策をも併用して階層差別を基礎に企業別分断の労資協調化を強める政策が展開するのである。

一九一七（大正六）年以降の労働争議の増加に加え、米価暴騰の中、反革命国際干渉戦争の一環として「シベリア出兵」が宣言された一八（同七）年八月二日の翌日に富山港で勃発した「米騒動」が、一道三府三二県に波及し、日本史上かつてない大規模の社会「騒動」となり、大量に軍隊までも出動させての鎮圧と大量逮捕が行われ多数が起訴される。この大「騒動」の責任を問われ九月二十一日に寺内正毅《てらうちまさたけ》内閣が総辞職し、二十九日に「政友会《せいゆうかい》」▲中心の原敬《はらたかし》内閣が成立する。

一方、労働運動においては、「友愛会《ゆうあいかい》」がその翌一九一九（大正八）年九月の七周年大会で「大日本労働総同盟友愛会《だいにほんろうどうそうどうめいゆうあいかい》」に改称・改編される。労組が簇生するとともに労働争議が画期的増大を記した。また、この年に普通選挙権獲得運動（「普選《ふせん》運動」）が盛り上がる。

▼**治安維持法**　一九二五（大正十四）年三月に第五十回帝国議会で制定され四月に公布された左翼の弾圧に猛威をふるった治安立法。「国体を変革」し「私有財産制度を否認」する目的をもつ結社の組織、加入とその協議、宣伝、煽動、財政援助を禁止した。一九二八（昭和三）年には最高刑を死刑に引き上げた。一九四五（昭和二十）年十月、占領軍の指令により廃止される。

▼**特高警察**　戦前の天皇制秘密警察の中核である特別高等警察の略称。大逆事件を機に一九一一（明治四十四）年、警視庁に特別高等課が設置される。さらに治安維持法に備え、一九二四（大正十三）年、九道府県に増設され、二八（昭和三）年、全国に配置された。

▼**政友会**　明治後期から昭和前期にいたる代表的保守政党。一九四〇（昭和十五）年に解党し、大政翼賛会に合流する。

●――米騒動に出動し警備にあたる軍隊（一九一八年、京都）

●――ＩＬＯに送る日本代表団の編成について政府に抗議する労働者団体のデモ行進（一九一九年）

この一九一九年に創立されたＩＬＯに参加する日本代表団の編成に際し、団結権を否認する政府が労働者代表を労組から選ばなかったために強い反発を受け、ＩＬＯ総会の席上でも指弾される醜態をさらした。それらの結果として、この年に原内閣は労働・社会政策をやや協調主義的な方向に修正し始める。

しかし、一九二〇（大正九）年の反動恐慌《きょうこう》を機に資本家階級は猛烈な攻撃に転じ、それで労働攻勢はいったん後退させられるが、二一（同十）年に再攻勢にでる。この年に日本海員組合など労組の合同・新設が続出し、総同盟友愛会が「日本労働総同盟《にほんろうどうそうどうめい》」に改称され労組化が一層進むが、まもなく左右間の分裂に導く内訌《ないこう》も激化した。

一九二一年に増大した争議（同年争議件数二四六件・五万八二二五人）のなかで最大のものは、神戸の三菱および川崎《かわさき》造船所の争議である。それらは三万五〇〇〇人の労働者をまきこんで工場管理宣言にまで突き進み、四五日間たたかわれた歴史的大争議である。軍隊が出動し、三〇〇余人の死傷者をだした程の激しさだった。これらの労働争議は、結局仮借《かしゃく》ない官憲の弾圧でつぶされるが、朝野に大衝撃をあたえた。これらの戦いを通じて、「労働者階級の形成がこの時点でなされた」とも評価される(池田、一九八二)。しかもその年には日本農民組合が創立され、小作組合と小作争議が飛躍的に増大した。

階級意識の高まりをともなった大労働争議と団結の急増のなかで、大企業も国も労働者・労働組合に対し弾圧だけでは対応できず、階層差別と企業別分断的な懐柔を強める日本的労資協調主義を促進しようとする。池田は三菱・川崎造船の大争議の衝撃が健康保険法の成立の引き金となったという(池田、一九八二)。その数も急増した労働者階級の医療を受けることの痛切な困難とともに、労資関係の極度の緊張が影響したことは確かだろう。

この間に展開された日本的労資協調主義(または「日本的協調主義▲」)政策の側面の一指標は、「社会(労働)行政」機構の改革である。国は労働および社会運動の激化に対応する行政機関を設置する必要に迫られ、内務省《ないむしょう》において一九一七年以降「軍事救護法」を管掌した地方局「救護課」を一九一九年に「社会課」と改称してこれを担当させることにした。そして、その翌年には内局としての「社会局」に格上げされる。社会局は健康保険法が制定される一九二二(大正十一)年になると外局としての社会局に格上げされ、任務を拡充される。従来「社会主義を

●——川崎・三菱造船所争議

▼日本的協調主義　池田(一九八二)は、原内閣の内相床次竹二郎《とこなみたけじろう》ら内務省首脳が一九一九年初め議会で示した、「階級対立が生じるまえに協調的な企業内労資関係を確立することが必要である」とする見解を「日本的協調主義」の基調であるという。ただし、階級対立激化のもとでは労働者階級の闘争を弾圧しつつ労資関係を企業別に分断し企業に懐柔するための企業労務管理補充の「協調主義」となる。

連想させる『社会』という文字は嫌」われてきたのだが、「社会問題」の激化を否認できなくなり、一層の社会政策を迫られたのである。『内務省史』第三巻はこれを「賑恤《しんじゅつ》救済」つまり慈恵《じけい》的救貧《きゅうひん》政策から「社会（労働）行政」政策への転換であるという。

もう一つは、「社会（労働）行政」政策検討の急進展である。

寺内内閣の一九一八年六月の勅令《ちょくれい》二六三号により設置された「救済事業調査会▲」が一九一九年三月二日に原敬首班内閣に提出した答申は、「一　労働組合ハ其自然ノ発達ニ委スルコト」をはじめ、開明的なものとなった。原内閣は答申中の労資「協同調和ヲ図ル」民間機関の設置提案を取り上げ、内相の私的諮問機関「資本労働問題協議会」からの提唱をえて、一九一九年十二月に政・財・学界の有力者を糾合し財団法人「協調会▲」を立ち上げさせた。また、やはり自主的な団結運動の高まりに対抗し企業別分断的な協調主義的協議にすりかえるために、各企業に使用者代表と従業員代表からなる工場委員会の設置を勧奨し始め、翌一九二〇年にかけ、軍工廠《こうしょう》、国鉄、八幡《やはた》製鉄所などの国営企業に工場委員会を設置させた。この間、内務省は一九一九年に労働委員会法案を発表し、企業単

▼救済事業調査会　同調査会は内務大臣の監督下に内務次官を会長とし二〇人以内で構成され若干の学識経験者を含み、「救済事業」に関する調査答申を行うとされたが、設置後まもなく米騒動が勃発し、社会労働問題を扱った。なお一九二一年一月、勅令第一号により関係各大臣の諮問機関として「社会事業調査会」が設置され救済事業調査会が廃止される。

▼協調会　「協調会綱領」には、事業計画として労資協調思想の啓蒙教育調査活動のほか、本来なら公営とすべき「職業紹介事業の中央機関の設置」や「労働争議の仲裁和解」が含まれた。まもなく内務省の官僚出身者が牛耳る内務省の下請機関と化す（池田、一九八二）。なお偕和会《かいわかい》編『財団法人協調会史――財団法人協調会三十年の歩み――』（偕和会、一九八〇年）がある。

位の労働委員会の設置を推奨し若干の成果をあげたが、一九二二年ごろには労組の反対で頓挫《とんざ》したという(『内務省史』第三巻)。

とはいえ労働組合法案や失業保険法案の検討も避けられなかった。団結と団体交渉権の獲得運動が展開し、一九一九年のＩＬＯ第一回総会▲に原内閣が非当事者を労働組合代表と偽って同伴したことに内外の糾弾を受けて「穏健な」労組を容認する必要も生じたから、労働組合法案の検討を迫られた。

野党の「憲政会《けんせいかい》」▲は社会政策による統治政策にもっと熱心で、一九一九年初頭に団結と団体行動を厳しく規制した治安警察法《ちあんけいさつほう》第十七条を緩和する改正法案を提出し、翌年一月に労働組合法案を決め発表した。

政府側でも救済調査会答申にそう開明的な内務省案と統制的な農商務省案が準備され、後者が内閣直属の臨時産業調査会に諮問されたが、一九二〇年反動恐慌《きょうこう》に乗じた資本攻勢でつぶされた。

ちなみに話を先取りすれば、一九二四(大正十三)年五月の総選挙で大勝した「護憲三派《ごけんさんぱ》」が政権に就いたとき、内務省社会局原案として開明的な「労働組合法案」が登場するが、財界の熾烈《しれつ》な反対で後退し消滅する。守勢に立ち分裂が

▼**ＩＬＯ第一回総会**　一九一九年十月二十九日から翌月二十九日にかけてワシントンで開催され、最高八時間労働制をはじめ就業最低年齢、女子年少者の深夜業禁止などの諸条約を採択した。わが国は、労働者でない「労働代表」を参加させて労組の強い反発を誘発し、総会の席上でも指弾される醜態をさらし、労務政策の変更を迫られた。わが国は、同総会採択の第一号条約、八時間労働条約をいまだに批准していない。

▼**憲政会**　一九一六(大正五)年に三菱の岩崎弥太郎《いわさきやたろう》の女婿加藤高《たか》明《あき》を党首として結成され、二七(昭和二)年まで政友会と政党政界を二分した政党。その後は政友会本党と合流し民政党を結成する。農村地主をおもな基盤として保守性の強い政友会に比べればリベラルだった。

激化していた労組側は、問題の理解も遅く、無力だった。左派は立法自体を欺《ぎ》瞞《まん》だと断じた。

さて健康保険法案に話を戻そう。やはり憲政会のほうが積極的で、一九二〇年二月の第四十二回議会に疾病《しっぺい》保険法案(佐口、一九七七。池田、一九八二)を提出したのち、第四十四回、第四十五回議会にも提出したが、いずれもつぶされた。一九二一年十一月四日に突如、原首相が暗殺された。労働争議の激化、原首相の暗殺に表出した社会不安の激化を踏まえ、十二月開会(三月の閉会)の第四十五回議会には、憲政会が「政府管掌」に一本化した疾病保険法案を提出したほか、失業保険法案も提出したが、政友会などの反対で否決された。

他方、もっと保守的な政友会の高橋是清《これきよ》内閣は、社会運動への取締りを強化するための「過激社会主義運動取締法案」を策定するとともに、労資関係の緊張激化と憲政会の動きにあおられて健康保険法案をも準備した。一九一九年から検討を開始したといわれるが、大争議の続発のうえ首相の暗殺という衝撃を受け、政友会内閣が急遽一九二一年十二月に「健康保険法案要綱」を決定し、労使代表を除外した「労働保険調査会」に諮問し、その調査会の答申にそい、健康保険組合設立事業所を常用一〇〇人以上から三〇〇人以上とするなどの一部修正を加えて「健康保険法案」を確定し、第四十五回議会において一九二二年三月に健康保険法を成立させた。三月十三日に衆議院に上程、十五日に通過、貴族院《きぞくいん》に回付、二十五日同院可決成立、四月二十二日公布。上程から可決成立までわずか二週間、無修正で制定されたことに注目すべきである。それには、同国会に「過激社会主義運動取締法案」も上程され、それに論議が集中するなかで、機も熟していた健保法案がろくな審議もなしに成立したらしい。

なお「過激社会主義運動取締法案」は廃案となった。さらにＩＬＯの主旨とも対立し廃止を避けられなかった治安警察法の第十七条は、一九二五（大正十四）年七月一日付で廃止された。大戦後に盛り上がった「普選運動」も影響し、同年三月には「普通選挙法」（成年男子に限る）が成立し、四月公布となるが、それと併行に戦前最悪の自由抑圧の治安立法「治安維持法」が制定・公布され、猛威をふるうことになる。ビスマルク労働者保険が「社会主義鎮圧法」とセットで成立した関係▲のもっと緊迫した日本的再版である。

たしかに健康保険法の成立過程と法律の内容には労働者階級の成長と労働運

▼**ビスマルク労働者保険とその成立背景**　この古典的なテーマに関する優れた近著としては、木下（一九九七）がある。

動の高まりが反映しており、労資協調主義・産業平和政策の立法化ともいわれる譲歩的な改良をも含んでいた。

ただし同法は、工場法《こうじょうほう》、鉱業法適用除外の零細企業労働者を排除し、大企業対象の健康保険組合管掌と中小企業対象の政府管掌に健康保険を分断し差別するものだったから、健康保険法の実施過程では、階層差別的分断と企業主義的労務管理をも補強する危機管理的な労務管理補強制度としても機能することになる。

健康保険法とその問題性の概要

さて、制定された「健康保険法」は全文七章九一カ条からなり(三二一〜三三ページ参照)、その法律原文の前文と施行規則などは『健康保険三十年史』上巻にみることができる。今日でも医療保険の中心立法である。同法の概要についてはほかにも記述がある(土穴、一九九〇。吉原・和田、一九九九)。

この法律がわが国最初の医療保険法であり、一八〇日以内への給付期間制限や低給付、家族給付義務付けの欠如など多くの制約をもちながら、中規模以上

健康保険法（抄録）　大正十一年四月二十二日公布時

第一章　総則

第一条　健康保険ニ於テ保険者カ被保険者ノ疾病、負傷、死亡又ハ分娩ニ関シ療養ノ給付又ハ傷病手当金、埋葬料、分娩費若ハ出産手当金ノ支給ヲ為スモノトス

第二条　本法ニ於テ報酬ト称スルハ事業ニ使用セラルル者カ労務ノ対償トシテ事業主ヨリ受クル賃金、給料又ハ俸給及之ニ準スヘキモノヲ謂フ

賃金、給料ニ準スヘキモノノ範囲及評価ニ関シテハ勅令ヲ以テ之ヲ定ム

第三条　報酬ノ額ニ基キ保険料又ハ保険給付ノ額ヲ定ムル場合ニ於テハ標準報酬ニ依リ之ヲ算定ス

第十二条　政府ノ事業ニ使用セラルル者ニ関シテハ本法適用ニ付勅令ヲ以テ別段ノ規定ヲ為スコトヲ得

第二章　被保険者

第十三条　工場法ノ適用ヲ受クル工場又ハ鉱業法ノ適用ヲ受クル事業場若ハ工業ニ使用セラルル者ハ健康保険ノ被保険者トス但シ臨時ニ使用セラルルモノニシテ勅令ヲ以テ指定スルモノ及一年ノ報酬千二百円ヲ超ユル職員ハ此ノ限ニ在ラス

第三章　保険者

第二十二条　健康保険ノ保険者ハ政府及健康保険組合トス

第二十三条　保険者ハ命令ノ定ムル所ニ依リ被保険者ノ健康ヲ保持スルタメ必要ナ施設ヲナスコトヲ得

第二十四条　政府ハ健康保険組合ノ組合員ニ非サル被保険者ノ保険ヲ管掌ス

第二十五条　健康保険組合ハ其ノ組合員タル被保険者ノ保険ヲ管掌ス

第二十六条　健康保険組合ハ法人トス

第二十七条　健康保険組合ハ事業主、其ノ事業ニ使用セラルル被保険者及第二十条ノ規定ニ依ル被保険者ヲ以テ之ヲ組織ス

第二十八条　一又ニ以上ノ事業ニ付被保険者常時三百人以上ヲ使用スル事業主ハ健康保険組合ヲ設立スルコトヲ得被保険者ヲ使用スル二以上ノ事業主ハ共同シテ健康保険組合ヲ設立スルコトヲ得此ノ場合ニ於テハ被保険者ノ員数ハ合算シテ常時三百人以上タルコトヲ要ス

第二十九条　健康保険組合ヲ設立セムトスルトキハ組合員タル資格ヲ有スル被保険者ノ二分ノ一以上ノ同意ヲ得規約ヲ作リ主務大臣

ノ認可ヲ受クヘシ

第三十一条　主務大臣ハ一事業ニ付第十三条ノ規定ニ依ル被保険者常時五百人以上ヲ使用スル事業主ニ対シ健康保険組合ノ設立ヲ命スルコトヲ得

第四章　保険給付

第四十三条　被保険者ノ疾病又ハ負傷ニ関シテハ療養ノ給付ヲ為ス

前項ノ療養ノ給付ノ範囲ハ勅令ヲ以テ之ヲ定ム

第一項ノ場合ニ於テ療養上必要アリト認ムルトキ保険者ハ被保険者ヲ病院ニ収容スルコトヲ得

第四十四条　療養ノ給付ヲ為スコト困難ナル場合又ハ被保険者ノ申請アリタル場合ニ於テハ保険者ハ勅令ノ定ムル所ニ依リ療養ノ給付ニ代ヘテ療養費ヲ支給スルコトヲ得

第四十五条　被保険者療養ノ為労務ニ服スルコト能ハサルトキハ其ノ期間傷病手当金トシテ一日ニ付報酬日額ノ百分ノ六十ニ相当スル金額ヲ支給ス但シ業務上ノ事由ニ因リ疾病ニ罹リ又ハ負傷シタル場合以外ノ場合ニ於テハ労務ニ服スルコト能ハサルニ至リタル日ヨリ起算シ第四日ヨリ之ヲ支給ス

第四十六条　病院ニ収容シタル被保険者ニ対シテ支給スヘキ傷病手当金ハ勅令ノ定ムル所ニ依リ之ヲ減額スルコトヲ得

第四十七条　療養ノ給付及傷病手当金ノ支給ハ同一ノ疾病又ハ負傷及之ニ因リ発シタル疾病ニ付百八十日ヲ超エテ之ヲ為サス

業務上ノ事由ニ因リ疾病ニ罹リ又ハ負傷シタル場合以外ノ場合ニ於テハ療養ノ給付及傷病手当金ノ支給ハ一年内百八十日ヲ超エテ之ヲ為サス

被保険者ハ前二項ノ規定ニ拘ラス傷病手当金ノ支給ヲ受クル期間療養ノ給付ヲ受ク

第四十九条　被保険者死亡シタルトキハ被保険者ニ依リ生計ヲ維持シタル者ニシテ埋葬ヲ行フモノニ対シ埋葬料トシテ被保険者ノ報酬日額ノ二十日分ニ相当スル金額ヲ支給ス但シ其ノ金額カ二十円ニ満タサルトキハ之ヲ二十円トス

被保険者死亡シタル場合ニ於テ前項ノ規定ニ依リ埋葬料ノ支給ヲ受クヘキ者ナキトキハ埋葬ヲ行ヒタル者ニ対シ前項ノ金額ノ範囲内ニ於テ其ノ埋葬ニ要シタル費用ニ相当スル金額ヲ支給ス

第五十条　被保険者分娩シタルトキハ分娩費トシテ二十円ヲ出産手当金トシテ分娩ノ前後勅令ヲ以テ定ムル期間一日ニ付報酬日額ノ百分ノ六十ニ相当スル金額ヲ支給ス

▼**社会的扶養**　社会保険は、被保険者の保険料拠出により共同で「自助」を行うばかりでなく、それと背反する原則として、使用者の保険料負担と国庫負担をもって「社会的扶養」をも行う制度である。

の民間企業の労働者にはじめて医療保険の給付を受ける便宜を設け、それより給付の少ない官業労働者共済《きょうさい》の給付をも同水準以上に引き上げる契機となり、医療費の支払いが困難な労働者たちの医療ニーズに多少とも応えるものであり、画期的な改良的意義をもつものだった。とくに使用者に労働者と同率の保険料負担を課し、国に医療保険事務費と給付費の一割を負担させることにして「社会的扶養▲」を制度化したことが重要である。

ただし、当の労働者運動はこの法律の制定にいたるまでほとんど医療保障運動に取り組まず、この健康保険法案に対しても抜本的改善を求める運動に取り組まなかったので、当然彼らの必要に十分には応えられないものとなった。

同法の問題点については、土穴（一九九〇）の指摘を紹介し、一部コメントを加えよう。

①適用範囲を原則として工場法・鉱業法の適用事業所に限定したので（工場法の適用事業所は法制定時には「一五人以上」であったが、一九二七〈昭和二〉年一月一日の施行時には「一〇人以上」に改正されていた）、大きな比重を占めた零細企業労働者が除外され、放置された。工場法・鉱業法の適用事業所の労

働者であっても「常用工」だけに適用され、「臨時工」は適用から除外された。
②「官業分野は法の（直接）適用から除外され、一九一〇年代から整備されていた『官業共済組合』に健康保険制度の代行を認めたため、『官民格差』を助長することになっていった」と土穴はいうが、制定時には健保組合の給付のほうが高くなったようなので、官業共済保険給付を健保給付よりも高く引き上げ、その後も官業を優位にし続けたためであろう。
③大企業対象の「組合管掌健康保険」と中小企業対象の「政府管掌健康保険」の二本建てとされ、「両者間での格差を生じていく起因になった」。「大企業では、この『健康保険組合』を労務管理の一手段として利用し、社会保険が労務管理に癒着していった」という。土穴はそこで健康保険組合の設立規定を「社会保険の理念からいってそのことは合理性をもつものではある」というが、企業主側が牛耳《ぎゅうじ》る非民主的な企業別分断的な「組合」でも社会保険自治的な合理性をもつとはいえないだろう。また組合健保と政府管掌との分断と差別格差も、そもそも企業別分断的な労務管理と階層別差別格差の補強をはかる政策戦略に由来するものだったはずである。

④「保険給付……内容が低水準であった」とよくいわれるが、一〇分の一の国庫負担を「まったく無視している論旨が多い」と土穴は批判する。しかし、社会保険に国庫負担が入るのは常道であり、法案に対して多くの批判がなされたように一〇分の一の国庫補助率も低すぎた。

⑤「『業務外』と『業務上』の疾病を区別しないで保険事故の対象としたことにより、保険料負担が曖昧《あいまい》になった」。これがおもな争点となる。

健康保険法実施過程でのおもな争点

労働災害扶助責任と健康保険法の扱いをめぐって

実施が遅れに遅れて一九二七(昭和二)年一月一日となった理由としては、医師会との折衝が難航したことと関東大震災《かんとうだいしんさい》(一九二三〈大正十二〉年九月一日)の影響も大きかったが、それだけではなかろう。おそらく健康保険法の制定から実施にいたるあいだに制定をせかせた激しい労働争議が抑圧されて下火になったのと、大震災対応の財政負担増のはねかえりが大きかったせいもあったはずである。

▼労働組合評議会　一九二五(大正十四)年三月から五月にかけて総同盟の右派と左派が分裂し、非合法共産党の影響が強い日本労働組合評議会が中小企業分野を基盤に結成され、果敢な活動を進めたが、翌年制定の治安維持法を駆使しての呵責《かしゃく》ない弾圧のため二八(昭和三)年に解散させられ、ただちに事実上非合法の日本労働組合協議会(全協)に受け継がれる。

同法実施前後における第一のおもな争点は、短期間の闘争だったが、一九二二年創立の非合法の共産党の影響を受けていた労働運動左派「労働組合評議会」▲が指導した「健康保険争議」において提起されたところの、使用者責任の労働災害扶助《ふじょ》負担分をも健康保険料に含めて労働者負担に転嫁したという批判である。

この争議を含めて代表的な先行研究はやはり坂口正之著『日本健康保険法成立史論』の第四章「健康保険法の施行と労働組合運動」である。その主旨は、労働組合運動は左派の評議会が闘争を提起するまで健康保険法問題にほとんど無関心であった。評議会は一九二六(大正十五)年半ばすぎから同法を批判し争議を激発させようとし、翌年にかけて争議の波が起こるが、指導は錯誤を含んで紆余曲折《うよきょくせつ》し、結局敗北させられて実際の成果をほとんどあげえなかった。他方の右派・総同盟は、同法を肯定し、実際的な改善運動に取り組み、それなりの成果をあげ、法実施後の左派の方針にも反作用したという。

もちろん、評議会の健康保険ストライキ闘争が健康保険法問題を実際的改良闘争としてよりも革命戦略のために利用することに偏しすぎたことは否めないが、その「健康保険争議」が重要な問題提起と社会的関心の喚起に貢献したことは坂口も認めるところである。

たとえば、坂口著にも、それにさきだって佐口卓著『日本社会保険制度史』にも全文引用された「統一運動全国大会」創立大会（一九二六年十二月一日）で提案された「被保険者同盟組織提唱ノ件」では、その冒頭、「社会政策の美名にかくれた空前の悪法『健康保険法』は明年一月より実施せられるのである。この結果労働階級は、工場法、鉱業法に依る既得権を剥奪されて、資本家当然の負担をば自分自身の上に転嫁せらるる事となる。而も……実に之に依って労働者階級の階級的自覚を防止若《も》しくは麻痺《まひ》せしめんが為に他ならぬ」と主張された。そしてあとの「スローガン」に、「一、保険料の政府及資本家の全額負担　二、保険給付額及給付範囲の拡大　三、保険監視権の獲得」が列挙された。

このスローガンに、かの一九一七年のレーニンの「労働者保険綱領」▲の投影をみることも容易である。しかし、工場法・鉱業法における労働災害使用者責任、扶助責任を曖昧にし、労働者の保険料負担に転嫁しようとした、という問題点は、やはりあったと私はみる。

そもそも社会政策史に照らしてみて、ドイツでもまず工場法・鉱業法の災害

▼レーニンの「労働者保険綱領」
ロシア社会民主労働党第六回（「プラーグ」）全国協議会、国営労働者保険に関する態度について『レーニン全集』第十七巻。その要求原則のなかに、被保険者の賃金全額補償、企業主と国家による保険金の全額負担、地域別の「被保険者の完全な自治の原則に基づいて構成される統一的な保険組織」による全保険の管掌が含まれた。

扶助規定を保障する制度として労働災害保険制度が予定され、ついで事業所外での傷病《しょうびょう》について保険するために疾病保険(健康保険)制度が構築されるのである。ところが、ときの日本政府は使用者側だけが保険料の負担責任をおう前者を飛ばして一挙に後者を制定し、それに前者をも包括したと称したのである。

やはり官僚が明治二十年代からヨーロッパに学んで考案し始めた工場法案が、とくに資本家たちの強い反対に阻まれ、また労働運動の支持も弱かったために、成立したのはようやく一九一一(明治四十四)年(三月二十日可決・二十九日公布)である。健康保険法の制定も工場法のほうが先であるとの主張に阻まれて遅らされた。しかも工場法の施行はさらに遅らされ一九一六年九月一日からとされた。こういう事情のなかで制定された工場法(四一ページ参照)は、当然欠陥の大きいものとなった。常時一五人以上使用の工場と危険有害工場だけに適用され、除外例が多く設けられたこと、就業禁止年齢が原則一二歳未満と高いこと、一五歳未満および女子の保護職工の最高労働時間が一二時間という長時間とされ、保護職工の深夜業禁止を昼夜二交代制の場合一五年間猶予《ゆうよ》するとされたこと、などである。

この工場法の災害扶助規定に関し『健康保険三十年史』上巻では、次のように言及している。

この工場法に規定せられた事業主の扶助責任は、「職工自己の重大な過失によらない場合」に限るので、そこにもし重大な過失があるときは事業主は免責されるのであって、災害補償の本来の意義とされている無過失責任主義は、まだ定立していなかった。そしてその扶助の程度も低く、「業務災害に対する一般労働者の権利を認めたりというよりも、むしろ職工に対して貧民救助法を改正したりというを適当とするがごとし」（森荘三郎著『社会保険研究』大正十三年版）といわれていた。したがって、工場法における災害扶助費は、民法上の損害賠償とは別に、事業主の賠償責任を明らかにしたことにその意義があったわけである。しかしこの事業主の賠償責任について、その支払能力を保証するなんらの制度がなく、そのすべてが事業主の個別的な経済能力に依存していた。また、これを民間会社の保険契約を通じて保証せしめるような措置を講ずることも、法的には規定せず、すべて事業主の自由意志に任せていたのである。それゆえ、工場法の制定当時か

工場法(抄録)　一九一一(明治四十四)年制定、一九一五年施行

第一条　本法ハ左ノ各号ノ一ニ該当スル工場ニ之ヲ適用ス

一　常時十五人以上ノ職工ヲ使用スルモノ

二　事業ノ性質危険ナルモノ又ハ衛生上有害ノ虞アルモノ

本法ノ適用ヲ必要トセサル工場ハ勅令ヲ以テ之ヲ除外スルコトヲ得

第二条　工業主ハ十二歳未満ノ者ヲシテ工場ニ於テ就業セシムルコトヲ得ス但シ本法施行ノ際十歳以上ノ者ヲ引続キ就業セシムル場合ハ此ノ限ニ在ラス

行政官庁ハ軽易ナル業務ニ付就業ニ関スル条件ヲ附シテ十歳以上ノ者ノ就業ヲ許可スルコトヲ得

第三条　工業主ハ十五歳未満ノ者及女子ヲシテ一日ニ付十二時間ヲ超エテ就業セシムルコトヲ得ス

主務大臣ハ業務ノ種類ニ依リ本法施行後十五年間ヲ限リ前項ノ就業時間ヲ二時間以内延長スルコトヲ得

就業時間ハ工場ヲ異ニスル場合ト雖前二項ノ規定ノ適用ニ付テハ之ヲ通算ス

第四条　工場主ハ十五歳未満ノ者及女子ヲシテ午後十時ヨリ午前四時ニ至ル間ニ於テ就業セシムルコトヲ得ス

第五条　左ノ各号ノ一ニ該当スル場合ニ於テハ前条ノ規定ヲ適用セス但シ本法施行十五年後ハ十四歳未満ノ者及二十歳未満ノ女子ヲシテ午後十時ヨリ午前四時ニ至ル間ニ於テ就業セシムルコトヲ得ス

一　一時ニ作業ヲ為スコトヲ必要トスル特種ノ事由アル業務ニ就カシムルトキ

二　夜間ノ作業ヲ必要トスル特種ノ事由アル業務ニ就カシムルトキ

三　昼夜連続作業ヲ必要トスル特種ノ事由アル業務ニ職工ヲ二組以上ニ分チ交替ニ就業セシムルトキ

前項ニ掲ケタル業務ノ種類ハ主務大臣之ヲ指定ス

第六条　職工ヲ二組以上ニ分チ交替ニ就業セシムル場合ニ於テハ本法施行後十五年間第四条ノ規定ヲ適用セス

(官報)

ら、災害扶助の労働保険化ということは予定されていたのであって、「先《ま》ず工場法を始めに出しておいて、そうして予防し得べき危険だけは予防しておいて、後に一定の率（業務上の疾病率、負傷率）を今度取って見て、労働保険のことを研究したいと思います」（『生産調査録事』一九一一年刊）と立案当局は言明していた。

それゆえこの「労働保険」はまず労働災害補償保険とされるべきであったのに、前述のごとく緊迫した社会情勢に迫られた。そして桑田熊蔵《くわたくまぞう》著『工場法と労働保険』（一九一〇〈明治四十三〉年）など、つとに労働災害保険の必要を説く有力な論著があったにもかかわらず、おそらく別途に使用者のみが保険料を負担する労働災害補償保険を制定しようとすると資本家階級の猛反対にあうだろうと懸念したこともあったのであろう（この論点を証明する資料と研究はまだみいだせない）。そこで、すでに長い論議をへていた疾病保険（健康保険）に労災保険分も含め、労使折半にして労働者の保険料に転嫁する挙にでたはずなのである。

なお、坂口および池田による代表的な研究においてその要旨の紹介が繰り返され、評議会の主張をくつがえす論拠とされたのが、労働者代表を含まない労働保険調査会第三回総会（一九二一〈大正十〉年十二月二十一日）における次の応答である。

「膳幹事……事業主ノ扶助義務ノ一部ハ之《これ》ヲ本保険中ニ合併シテ予《あらかじ》メ取リ置カムトスル趣旨ナリ」「四条委員……保険料ヲ原則トシテ事業主及労働者ガ各々二分ノ一ヲ負担スルコトトシタル基礎ハ業務上ノ疾病負傷ニ就テハ事業主ニ全部ノ責任ヲオワシメ業務外ノ疾病負傷ニ就テハ労働者ニ三分ノ二、事業主ニ三分ノ一ヲ負担セシメ而シテ業務上ノ疾病負傷ト業務外ノ疾病負傷トノ比ハ一ト四トノ割合ナルヲ以テ此ノ両者ヲ平均スルトキハ事業主労働者各二分ノ一宛負担スベキコトトナルナリ斯《か》クスレバ個々ノ場合ニ負傷ガ業務上ナリヤ又業務外ナリヤノ争ヒモナク運用上便ナルガ故ニ業務上ノ扶助義務ヲ保険ニ吸収シタルモノナリ」（農商務省社会局保険部『健康保険法施行経過記録』一九三五年、以下『経過記録』と略）

まことに巧妙な理屈であるが、保険料労使折半のなかに使用者の労災扶助責任負担分を流し込み転嫁するための詭弁《きべん》である。保険料の労使折半はその後、日本社会保険の保険料負担原則とされるが、第二次世界大戦後には使用者だけ

▼**雇用三事業**　雇用保険法第四章第六十二〜第六十四条に定められた雇用安定事業・能力開発事業・雇用福祉事業を三事業という。

が保険料を負担する労働災害補償保険が別に定められたのちも健康保険制度における保険料の労使折半原則が行われている。あるいは現行の雇用保険制度では雇用三事業▲分の保険料を使用者側だけに追加的に負担させている。「評議会」が使用者責任負担分をも労働者に転嫁するものと攻撃したのはやはり正当であったというべきである。

しかし、工場法および鉱業法においてまだ無過失責任原則が確立しておらず、扶助が低劣だった後進的環境では、これでも改良だったのである。『健康保険三十年史』上巻は前掲文のあと、「災害扶助保険化が、すなわち健康保険によって実現したのである」と短絡させたうえで、扶助の改善をこう指摘した。

健康保険法の実施によって、工場法施行令も改正され、扶助の内容および程度をひきあげることになった。まず第一に、扶助は労働者の過失の如何を問わず、すべて事業主がこれを行わねばならなくなった。ただ労働者の過失について、これを地方長官が認めたときに限って、休業扶助料の支給義務をまぬがれることができるようになった。また、扶助料の金額も、休業扶助料は百八十日間は賃金の六割、それ以後は四割に、打切扶助料百七十日以上が五百四十日分以上に、遺族扶助料は百七十日分以上が三百六十日以上に、障害扶助料最高百五十日以上、最低三十日分以上が最高五百四十日分以上、最低百八十日分以上に増加せられたものである。

以上、要するに、健康保険法の制定は、痛切な労働者たちの医療を受ける困難、とくに不慮一挙《ふりょいっきょ》に多額の支出を要する医療費負担の困難について保険を設定し、しかも使用者と国庫の負担による社会的扶養を追加することで、労働者たちの医療費負担の困難を緩和する制度をつくる改良となった。ただし、給付は著しく制限され、労働者の保険料に使用者の労災扶助負担分の一部をおわせるなどの欠陥をともなった。この制度は労働者間に階層差別と企業別分断を設けるものでもあった。それでもって天皇制国家と資本家階級が労働者階級を分断・支配して、「産業平和・労資協調」の回復をはかり、企業別の労務管理の補強をもはかり、また実際そう機能もすることになった。

使用者支配の民間企業共済組合による代行問題と健康保険組合

わが国の民間企業共済組合は、自主性と自治性を欠き、大方使用者が支配する経営家族主義的懇親会であり、例外的な鐘紡《かねぼう》共済組合でさえ家父長《かふちょう》的「温情主義」を旨とする労務管理の補助組織であった。

健康保険法は、当初からの予定どおり官業共済組合を適用除外にしたが、民間共済組合は改組転換して法定の健康保険組合となればこれを保険者と認める方針がとられた。第一次世界大戦後の日本的共済組合は労働者代表の従属的な形式的参与を付加して労務管理組織の性格を一層強めていた。法定健康保険組合への転換は、企業共済組合の恣《し》意的慈恵性を減じつつも、かえって国法で支える近代的な労務管理補助機構に転換させるものとなる。

そもそも健康保険制度の被保険者を工場法・鉱業法の適用者(制定当時は一五人以上常用の事業所、施行時には一〇人以上常用)に限ったのは、この法律案要綱に関する労働保険調査会での審議過程における当局者の弁(前掲『経過記録』)によれば、それ以外の労働者の把握が困難だったからだという。とはいえ、そうすることで健康保険法の適用から除外された小零細企業労働者と大企業の臨時工などを放置し、のちに創設される「国民健康保険」制度に委ねるという労働者底辺階層の差別の上に、健康保険内での大企業向け組合管掌健康保険と中小企業向け政府管掌健保との差別を上乗せして、重層的差別分断機構をつくることとなった。かかる重層的差別に支えられ、健康保険組合が企業別の分断的な労務管理機能を強められることになる。

ただし当時の資本家階級には必ずしもその見通しがなかったのかもしれないし、担当官僚が健康保険組合の果たすべき企業主義的な労務管理機能を確信していたかどうかも明示できない。ただ前述の記録から明治期以来、日本的労資関係の展開方向を企業別の家長主義的主従関係から労資協調関係への推転に求めていたと推論される節はあり、その国家的政策戦略の文脈のなかにそれを読み取ることができるのである。

健康保険法案の上程前、官業共済組合のみを健康保険法から適用除外して自主経営を認め、民間共済組合には適用除外、自主経営を認めずに、健保法内の法人たる健康保険組合を保険者とする理由としては、こういわれた。すなわち、官業共済は主務官庁の監督下にあって「十分ナル保険制度ノ基礎アル故本法ヲ適用セザルモ安心ナリ。シカシ民間ノ共済ハ法人トナル途ナク、何ラノ法規モナシ。従ッテ組合ノ事業及ビ組合員ノ権利ニ付イテ何等法律上ノ保障ナク且監督ノ途モナク、其ノ存廃、規約ノ変更等ハ全ク事業主ノ自由トナル事情ナルガ故ニ、斯ノ如キモノニ此重要ナル公企業ヲ其ノ儘《まま》委任スルコトハ甚ダ不安心ナリト思フ」(『経過記録』)。

また官業共済組合への適用除外理由には、さらにそれぞれの主務官庁が共済組合を健康保険法に委ねることをいさぎよしとしなかったという事情も影響したといわれる(池田、一九八二)。

ともあれ、結局、民間企業共済組合は健康保険の自主経営を認められなかったので、健康保険組合に改組・移行するか、解散するかの選択を余儀なくされ、その多くが健康保険組合へ移行した。協調会による一九二七年三月の調査によれば、民間共済組合一一〇中、内容を変更して存続したもの八二、解散したもの二八だったそうである(協調会、一九二九)。

もちろん、使用者の側に異論がなかったわけではない。法案上程前の労働保険調査会において、鐘紡社長武藤武治《むとうたけじ》がみずからの温情主義的な共済組合の経験をもとに、法定化すれば温情主義への労働者の感謝がなくなる、自然な発達にまかせるべきである旨主張していた(『経過記録』)。

しかし、政府当局は、実態調査に基づき、既存の企業共済または救済組合の多くが慶弔《けいちょう》給付団体の域にあり、法人格をもたず、法的な保険的権利を認めない実態を踏まえ、民間共済に受託組織としての資格なしとし、工場委員会の労使協議制の経験をもとに従業員被保険者代表を使用者代表とともに含む組合理事会がなければ法定資格なしとし、法定諸条件を満たす場合にのみ健康保険組合になりうるものとしたのである。

当局には、制定時の緊迫した大争議続発のもとで、あえて共済組合法を制定し共済組合がその法定条件を満たすまで成熟するのを待って受託《じゅたく》組織とする余裕もなかった。

なお、注目すべきことに労使はともに法律の制定に関与させられていない。労働保険調査会において武藤は実務経験者として参与を認められたのであり、使用者代表ではなかった。その局面では使用者側諸団体は、鐘紡共済組合のように適用除外や代行資格を要求せずに、健康保険組合制を廃し国営保険に一元化することを求めていた。

他方、労働者・労働組合側は、当時はまだ労組の結成と争議に熱中し、議会対策に関心を向けなかった。

そこで農商務省官僚の圧倒的な主導で立法化がなされたのである。そして、健康保険組合管掌に政府管掌にはない家族給付や保健福利事業を付加する特典をあたえ、企業別につくること、そして企業共済組合を改編・適格化させて健康保険組合とすることを行政指導した。こうして当局は国家統制を受ける健康保険組合をも企業別の労務管理を補強するものとする日本的な労資協調主義政策を追求し、その方向に企業共済組合を転生させ活用することになったのである。

なお、ここでは紹介を割愛するが、健康保険法の実施が予定をはるかに越えて遅延するあいだに、第一次世界大戦後の共済組合の成長をもとに資本家たちの適用除外要求が強まり、交替した政府が適用除外に傾き、労働保険調査会に諮問し、その同意を取りつけようとする動きがあったが、結局この改正法案は上程されずじまいとなり(坂口、一九八五)、元の法律のまま一九二七年年頭から実施されることになった。

▼沖仲仕業　艀《はしけ》と本船とのあいだで貨物のあげおろし作業に従事する船内荷役業のこと。

③—失業保険の代替施策

日雇「労働者災害扶助法」の制定

両大戦間における労働者たちの最大の貧困化《ひんこんか》要因は、深刻な失業と半失業である。半失業労働者の典型的な就業領域は屋外の日雇肉体労働であった。そこでは重層的下請関係のもと低賃金・無権利・不安定就業が支配しており、しかもひどく労働災害率が高かった。その労働領域は土建業・砕石業・運輸交通業、沖仲仕業《おきなかしぎょう》▲である。すでにいびつな形と内容においてではあるが常用従業員一五人規模以上の工場・鉱山の屋内および坑内労働者には労働災害扶助《ふじょ》が設けられていたが、日雇で働く屋外労働者には「怪我《けが》と弁当は手前もち」のままで、業務上・業務外ともに災害と疾病《しっぺい》に対する扶助と保険給付がなかった。重層的下請が行われたこれらの領域の半封建《ほうけん》的・隷奴制《れいどせい》的な労資関係と使用者の性質上、社会政策に対する抵抗はひときわ強く労働者保護が遅れたのであるが、工場《こうじょう》法《ほう》と健康保険法の制定・実施で取り残されるにおよんで当局も腰をあげる。

しかも、さらに立法化をうながしたのは、公共事業に失業者を就業させる失業対策事業▲において、にわかに日雇労働者となった人びとの労働災害が激増し、彼らに対する災害扶助制度を設ける必要が緊急事となったことである。

いずれにせよ、労働災害扶助の保障をこの空白領域に拡張すべく、社会局は一九二七(昭和二)年十一月に「労働者災害扶助法案」を脱稿し、政府が日本工業倶楽部《クラブ》▲の反対「意見」を一部採用し法案を修正して、二八(同三)年の第五十四回衆議院議会に上程したが、審議未了となった。途中を割愛していえば、当初の政府案は使用者の扶助責任義務を民間保険会社か共済組合との保険契約で担保させようとするものであったが、土木建築業者団体はそれを国営保険にすべきであると強く要求したので、この分野を国営保険にする修正案を採用した。こうして一九三一(昭和六)年の第五十九回議会に労働者災害扶助法案とともに、事業主に扶助責任を担わせるための労働者災害扶助責任法案を提出し、両法案の成立にこぎつけた▲。

それは土建業者の要求どおり土建業者の扶助責任を国庫負担のある国営保険に転嫁するものだと批判されうるし、他の業界には事業主だけの扶助共済組合をも保険者と認めるものであるが、ともかく工場法並みの低い水準で日雇労働

▼**失業対策事業**　戦前日本における失業救済型公共事業は、一九二五年に創設され、昭和恐慌期に救農土木事業を加えてその規模と範囲が拡大され、一九三二～三三年度にピークを迎え、日中戦争期に急速に終息した。その規模と運営方法がニーズにあわず、失業者と窮乏農民の必要に遠くおよばなかった。詳しくは加瀬、一九九八を参照。

▼**日本工業倶楽部**　一九〇二(明治三十五)年制定の商業会議所法による商業会議所への統合に反対した財閥《ざいばつ》資本家集団は、その固有の利益を代弁する機関として日本工業倶楽部を一七(大正六)年に創設し、戦後の財閥解体で解散する。

者にも労働災害扶助を受けられるようにした点だけは評価される。

「退職積立金及退職手当法」

戦前における日本社会保険のさらに大きな欠陥は、「労働組合法」とともに「失業保険法」が未成立に終り、戦後にもちこされたことである。

もっとも労働組合法案は政府部内で検討・策定され未成立に終った。しかし、失業保険法案については政府側が野党の憲政党《けんせいとう》が第四十五、四十六回議会に失業保険法案を提出したのを否決し、みずからは検討さえしなかったのである。

この問題の経過を要約すれば以下のようになろう。明治維新《めいじいしん》以来、農村と都市に大量の潜在失業者が堆積されてきたが、その潜在性のために失業問題として社会問題とならずにきた。しかし第一次世界大戦の軍需景気《ぐんじゅけいき》の崩壊とともに失業が顕在化し、最大の社会問題となっていった。一九二〇(大正九)年の反動恐慌《きょうこう》以来の慢性的不景気と一九三〇年からの昭和恐慌のなかで、農村が窮乏し、都市部での労働者の失業も大量に顕在化し、農村出身者の農村への困難な還流と貧民化も進行した。その一方で、窮乏した出身の農村から切り離されて、

▼**労働者災害扶助法案・労働者災害扶助責任法案**　戦前日本社会保険の一特徴をなす一般的な労働災害補償保険制度の欠如のなかで、類似の名称の立法が失業者および半失業者である日雇労働者を対象として制定されたのは皮肉である。

●──**餓死者同盟のデモ**（一九二九年）　都市失業者に対して帰農政策がとられたが農村も窮乏していた。

より近代化された労資関係のなかで闘いに参加するか、あるいは労働者仲間の闘争を見聞することで主体性にめざめた労働者たちが、失業問題を取り上げてたたかうようになった。しかし第一次世界大戦後の労資間闘争で労働者側が敗れ、労働市場において失業が慢性化・大量化するなかで、しだいに大企業分野では労働者たちが企業別に分断され、彼らの要求も一般的な権利として失業扶助と失業保険制度を勝ちとろうとする方向に向かえずに、企業別の退職手当闘争に萎縮《いしゅく》させられたのである。

他方、財界と政府当局は失業問題を体制震撼《しんかん》的な社会問題として認識させられ、失業労働者を農村に帰す「帰農政策」＝帰村政策を追求しながら、しだいに農村の窮乏化でそれも困難を増し、しばらく失業対策事業の継続と拡大を余儀なくされる。それでもなおかつ財界も天皇制国家も、「労資の情誼《じょうぎ》」と「慈恵《じけい》」の枠内で精一杯対処しようとした。

政府は失業対策事業への就労が権利化されることを恐れた。まして失業保険制度の導入には、ＩＬＯでの決議に反し、惰民《だみん》化をもたらすとして反対した。財界は退職手当さえ企業の恣《し》意《い》的慈恵にとどめようとし、法制度とすることに頑強に反対した。それでも政府は体制維持の責任上、せめてそれを法制化しようとし、財界が反対した退職金積立制度を制定した。

国は結局、中規模(五〇人)以上の企業に退職金の労使積立を課し、解雇および退職手当の支払いを課す法律「退職積立金及退職手当法」を、一九三六(昭和十一)年に制定することで間にあわせた。

やがて戦争で失業問題が「解決」されると、「個別企業の福利施設的機能を持った同法は、戦費調達のための国家的年金制度(厚生年金法)のなかへ供出させられて……ひっそりと退場したのであった」(佐口、一九七七)。

同法は、しょせん失業保険にかえて暫定的に退職積立金の手当を給付しようとするもので、あわせて労務管理の補強にも役立たせようとするものであった。

④——国民健康保険制度の成立

国民健康保険制度成立の背景——農村・農民の窮乏化と医療飢餓

つぎに取り上げる国民健康保険制度の成立に導く一契機は、健康保険法が置き去りにした小零細企業労働者と臨時工らの健康保険問題であった。かれらは賃金と労働諸条件が劣悪で雇用も不規則なための貧民であり、疾病《しっぺい》・災害率が高いのに医療費の支弁がもっとも困難な労働者階層であったからである。しかし、国民健康保険制度の成立に導く第一のより大きな契機は、農民層の医療飢《き》餓《が》(無医村《むいそん》の増加による医療の欠乏と、受療による貧乏・債務の増大)であり、それが軍国日本の体制をゆるがす問題になっていったことである。それを中心に考察しよう。

まさに昭和恐慌《しょうわきょうこう》▲の時代から一九三七(昭和十二)年の日中《にっちゅう》戦争開始以降の戦時体制への移行過程は、戦時国家独占資本主義の形成過程でもある。この過程の社会政策を代表したものが「国民健康保険制度」の成立である。

工業化を加速しつつあった当時でさえ、農村の農業人口が全人口のなかばを

▼**昭和恐慌**　一九二七(昭和二)年の金融恐慌の被害が癒《い》えないうち、二九(同四)年十月アメリカ発の大恐慌が翌年に日本に波及し、かつてなく深刻な経済恐慌(昭和恐慌)となり、大失業と生活難と労働および小作争議の激増をもたらした。一九三一(昭和六)年関東《かんとう》軍《ぐん》の挑発による「満州事変《まんしゅうじへん》」の軍需景気などにより三二(同七)年には景気が回復に向かうが、とくに鋭くあらわれた農業恐慌と農民の窮乏は悲惨をきわめた(猪俣、一九八二。暉峻、一九八四)。

▼**日本軍国主義**　軍国主義とは、国の政治・経済・法律・教育などの政策・組織を戦争のために準備し、軍備力による対外発展を重視し、戦争で国威を高めようとする立場をさす（『広辞苑』）。戦前日本の軍国主義の場合、天皇をかつぎ神格化させ、すべて天皇の名のもとに行われた。

●——**農村の窮乏**（一九三四年、岩手県）　臨時炊出しをする女子青年団員と欠食児童たち。

占めた。健康保険法の実施後には農村・農民問題が鉱工業における労働問題を凌《りょう》駕《が》したかにみえる。農民層は鉱工業労働者の主要な供給源であり続けたほか、兵力壮丁《そうてい》（兵丁《へいてい》）の最大の供給源をなし、そして、その役割が日本軍国主義▲の急進展のなかで急増していった。

とくに昭和恐慌期には、寄生地主制《きせいじぬしせい》下の小作《こさく》農民をはじめとして農民層が塗《と》炭《たん》の窮乏にあえぎ、農村の疲弊《ひへい》が深まった。小作人たちの争議が労働争議数を超えて増大した。小作争議は、地主による小作地取上げに対する地主攻勢・小作人守勢で激化の一途をたどった。農民層の経営と生活が解体の淵に追い込まれたために、天皇制国家の最大の基盤をなした地主制も大きくゆらいだ。

その危機の根源は、構造的には第一に、天皇制の庇護を受けた寄生地主制のもとで零細農民経営と貧農《ひんのう》が優に七割を超えたことにある。また第二に、農家経営の主要作物である米と繭《まゆ》が投機商品とされ、その激しい価格の変動と低下のしわよせを受けて、農家の収入が極度に低下・低迷したことである。とくに農家の圧倒的な副業だった養蚕《ようさん》業の産物である繭と生糸《きいと》の価格が、決定的にアメリカ市場に依存していたために、市況価格がことのほか激しい変動と下落をたどった。そのうえ、窮乏し不足した生活費と化学肥料代金と医療費などを地主たちや高利金融業者から借りることを余儀なくされ、厳しい債務の取立てにせめられた。そこで多くの農家は、借金の返済や、医療費の支弁を含む生計費の補充のために、賃金前借りの身売りに近い雇用契約で、子女を女工《じょこう》として繊維産業資本などのもとに出稼ぎにだした。

女工たちは、無権利の劣悪な労働関係と労働環境のもとで、工場法《こうじょうほう》施行後も深夜業を含む極度の長時間労働(法定でさえ一二時間)をし、それでえられる「インド以下的低賃金」▲のなかから、親元の農家に仕送りをすることで、小作農家の貧しい家計を補い、そうすることで寄生地主に高率小作料を貢納することを可能にした。

天皇制国家は、一八七三(明治六)年の地租《ちそ》改正《かいせい》条例▲公布以来、農民から高率の地租を貢納させて彼らの没落を促進し、小作農民をふやし寄生地主を肥やしてきた。わが国は、その小作農民の子女をおもな供給源とした女工のいわば膏《こう》血《けつ》であがなわれた絹綿繊維製品をわが国貿易の主要な外貨獲得商品とし、国際的にそう批判されたソーシャル・ダンピングで輸出して外貨を稼ぎ、その外貨

▼**「インド以下的低賃金」**　山田盛太郎著『日本資本主義の分析』中の、有名な命題である。ただし、これには異論を含め論議が多い。ここでは象徴的に絶対的な低賃金をさすものとして用いる。

▼**地租改正条例**　明治政府が維新後の中央集権国家の財政収入源をつくるために、あらたに土地所有権を認める地券《ちけん》を発行するかわりに、その土地に高率の金納租税を課すことにした。第二次世界大戦後に都道府県税となるまで主要な国税だった。地租があまりに高すぎて多くの農民が没落し農地を売りにだし、それを買い占めて寄生地主制が膨張した。

で軍拡用の兵器と工作機械を輸入した。それゆえ日本資本主義は、その発展が小作貧農をふやし、農村を窮乏・疲弊させる悪循環の構造をもっていた。

第一次世界大戦後の一九二〇(大正九)年の反動恐慌以降、日本経済はあいつぐ不況・恐慌のあいだをよろめいてきたが、とくに一九二九(昭和四)年以降のアメリカ発世界大恐慌は、わが国の貿易と経済にも決定的な大打撃をあたえた。輸出総額の約四割を占めていた生糸と繭の価格を半値以下に暴落させ、全国農家戸数約五六〇万戸のうち、養蚕を副業とした四割弱の二二〇万戸に致命的な打撃をあたえた。そのうえ、貧農の主要な家計補充源である出稼ぎ女工が解雇された。彼女らは、しばしば結核に感染し、解雇され帰村させられた。内務省《ないむしょう》嘱託医石原修《いしはらおさむ》の国家医学会での調査報告による告発『女工と結核』(一九一三〈大正二〉年)が大きな衝撃をあたえていた。米についても豊作貧乏と大凶作に苦しめられた。それらの結果として貧窮した農家の娘の売春宿などへの身売りや一家心中があいつぎ、子どもたちは飢えに泣き、家族全員が栄養失調と病気の蔓延《まんえん》と医療飢餓にあえいだ。

そのために農民家族の死亡率が高まり、都市住民との保健状態の格差も開い

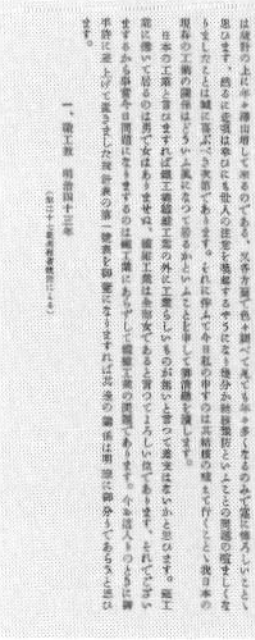

女工と結核

医学士 石原 修

●『女工と結核』(一九一三年)

●製糸女工(一九二九年)

た。一九三二(昭和七)年における人口一〇〇〇人当りの死亡率は、市部の一三・八人に対し、郡部が一九・四〇人だった。農村の健康状態は悪化し、トラホーム・寄生虫病や結核などが蔓延した。なかでももっとも深刻な結核の蔓延は、出稼ぎ先の劣悪な労働および生活条件によって罹病させられた「結核女工」が解雇・帰村させられ、栄養および衛生状態の悪い農村に急激に広く伝染させられたためであった。

　農民の極度の窮乏化と健康破壊は、後述のように壮丁(徴兵《ちょうへい》)検査の成績を著しく悪化させ、急激な兵力増強を求めていた軍部を震撼《しんかん》させることになる。

　対するに、農村の医療はかえって窮乏の一途をたどり、医療飢餓の状態を呈した。窮乏農家の医療費支払能力の低下が、私的「開業医制度」▲のもとでの開業医の離村を促進し、無医村をふやし、医家を遠のかせた。それもあって医者代は貧しい農民にはとても高くついたために、めったに医者にかかれず、医療費の負債もふえた。猪俣は「貧農の借金の内訳を数箇所で調べてみたが、医者の借りだけでも四、五十円はあった」(猪俣、一九八二)と書いているが、それだけでも当時の娘の身売り代金に相当する価額だった。医療費返済のために田畑を

▼**開業医制度**　漢方医による開業は明治以前から長く行われてきたが、明治政府は西洋医術をおさめた者に医師免許をあたえて開業することを奨励・援助し、その後の開業医制度を基本とする医療制度に道を開いた。

▼**小作争議の激増**　一九二〇年代の二〇〇〇件台から三一(昭和六)年の三四一九件、三五(同十)年の六八二四件へと飛躍した。

売り一家が離散するという悲惨な事例が増大した。こうして、医療費問題は深刻の度を増し、公的対策が求められた(相澤、一九九四)。

農村・農民の自力「更生」運動と「匡救」政策

もちろん、体制を震撼させる農民の窮乏と栄養・健康状態の悪化と中小地主経営の窮乏による農村の疲弊に、国家も懸念を強めた。地主による土地取上げなどに反対する必死で激烈な小作争議▲の激増と民間の救農運動、陳情・請願運動の高まりを含む騒然たる社会情勢のもと、「時局匡救事業《じきょくきょうきゅうじぎょう》▲」の一環としての農村医療対策として、市町村その他が行う出張診療・巡回診療を補助したり、さきに天皇の下賜金を元手に恩賜《おんし》財団・済生会《さいせいかい》▲をつくらせたりし、民間社会事業団体による施療事業を応援したりした。

しかし、軍事大国化を急ぐ天皇制国家の民生に関する基本政策は、あくまでも「自力更生《じりきこうせい》」「隣保相扶《りんぽそうふ》」、つまり半封建《ほうけん》的な自助《じじょ》と近隣互助《ごじょ》を強制し、やがてそれらを国家総動員統制に転用することであった。

経済危機と人民の窮乏は、天皇制国家の保塁《ほるい》をなした自作農と中小地主層の

▼時局匡救事業　一九三二(昭和七)年五月開会の第六十二回臨時議会と八月の第六十三回臨時議会(「時局匡救議会」)において農村の失業対策としての土木事業を中心とする一連の救農事業が決定され、それに医療救済も含まれた。中心は失業対策土木事業である。一九三二年度から三カ年にわたる事業費の総額は八億六〇〇〇万円で、これは当時の地方財政一年分にあたる。

▼恩賜財団・済生会　生活困難者の激増に対処するため一九一一(明治四十四)年、つまり大逆事件判決・死刑執行と工場法公布の年に、施薬救療事業を目的として、明治天皇の下賜金に民間寄金を加えて設立された恩賜財団法人であり、病院・乳児院などを経営してきた。はからずも病院利用者は中流以上の階層にかたより、目標の貧民の医療利用は少なかった。

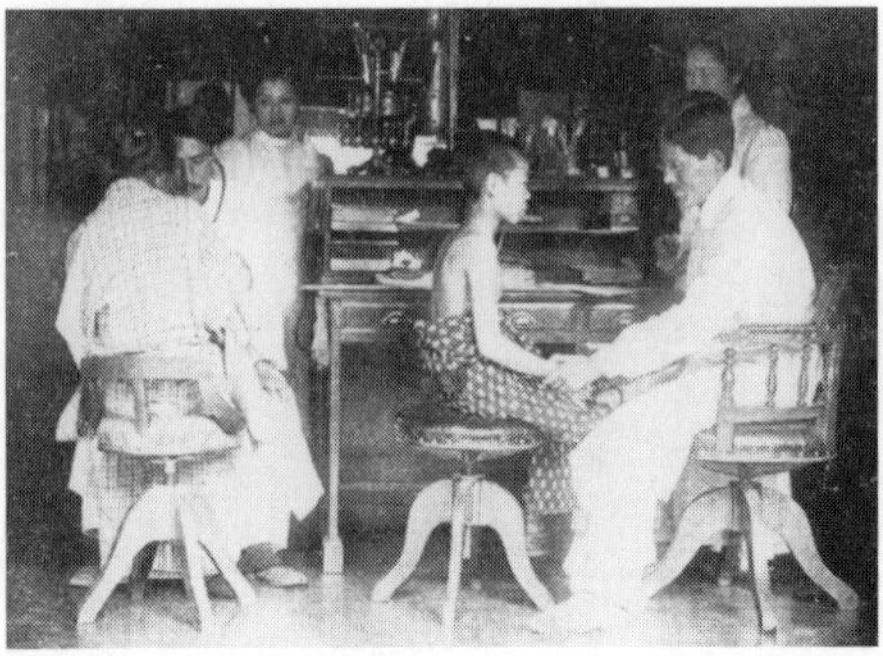

●──済生会今宮診療所で診療を受ける子ども(『大阪府写真帖』)

▼産業組合法　一九〇〇(明治三十三)年制定の産業組合法の成立にみられるその官僚的・地主的性格については、大石・宮本(一九七五)を参照されたい。

経営と生活までも崩壊の淵に追いやった。その危機からの脱出をはかる農村救済政策として、まず自力更生の推進をはかる農村経済更生運動が、農林省の指導下に一九三二年から開始された。それは、町村に経済更生計画を策定させ、官僚が支配し指導する地主・富農中心の農村協同組合である「産業組合」▲の活用などにより、農民を「隣保相扶」させ「自力更生」させようとするものだった。

とりわけ一九三二年の第六十三回臨時議会は時局匡救議会または救農議会と呼ばれ、一連の農業恐慌対策と農民の組織的な救済および動員政策を論議し決定したことで知られる。その一政策手段とされた産業組合は、もともと官僚が指導し地主の掌握を通じて上層農民を上から組織し動員しようとして創始され普及せられた地主層中心の組織であった。ただし、しばしば西日本で農業生産力の向上を支えに産業組合内で自作・自小作農の発言力が増し、自主的協同組合化に傾斜した時期もあり、農村民主化の基礎となるのではと期待する向きもあった。やがてまもなく危機における軍国主義化のなかで、国家総動員体制に組み込まれていくのではあるが、その前に若干の地方で、その産業組合運動の一環として、あるいはそれと連携して、医療飢餓からの協同による自力救済をは

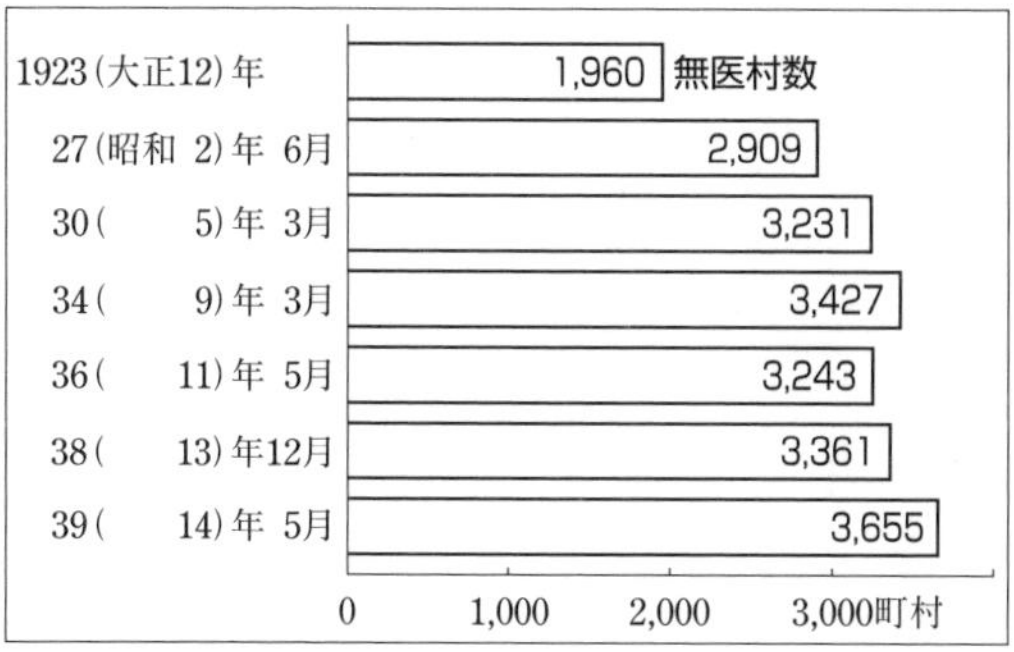

●——無医村の増加（鹿野政直「コレラ騒動」『朝日百科　日本の歴史9』より）

かる動きが拡大した。それが、島根の青根《あおね》村に端を発し、とくに北東北三県などでかなり大規模に発展した産業組合の医療協同事業または医療利用組合運動である（相澤、一九九四。全国厚生農業協同組合、一九六八）。とくに一九三三（昭和八）年に農林省当局が農村経済更生運動のおもな担い手とみなした産業組合とその連合体による医療協同事業を奨励するようになったので、発達が加速された。一九三七年には、病院数八七、診療所数一七五が稼動し、それらで働く医師数が五〇〇人を超えたといわれる（吉田、一九八三）。

もちろん、それらの医療利用組合などによる医療保障の地域的範囲も保障内容も限られたものであった。医療飢餓とそれに対応するこの運動とその限界も、「国民健康保険制度」成立の背景として重要である。

ちなみに、戦後の医療生協運動のもう一つの源流をなすとともに、民主医療運動の源流としてはより重要なのが、無産者診療所運動である。非合法下の共産党（一九二二〈大正十一〉年創立）が前年の三月十五日の大弾圧（三・一五事件）にちなむ一九二九年のその日に「労働者農民の病院をつくれ」のアピールを発した。翌年一月、まず東京大崎《おおさき》（現品川区）に大崎無産診療所が創設された。その後、東京にさらに五診療所、大阪に七カ所、新潟に三カ所、京都に二カ所、愛知、山梨、千葉、群馬県高崎、静岡県浜松《はままつ》、青森県八戸《はちのへ》とつくられ、あわせて二三診療所と一病院が設立された。一九三一（昭和六）年十月二十五日には「日本無産者医療同盟」が結成された。無産者診療所は弾圧犠牲者や貧民には無料診療をほどこしたほか、破格の低価格で親身の診療を行って大好評をえ、労働争議・農民争議などを積極的に支援した。そのために医療利用組合以上に、開業医師会の反発を買ったほか、当局の執拗《しつよう》で呵責《かしゃく》のない弾圧を受けた。そのために維持運営が困難をきわめ、医師らの逮捕・拘置・投獄でやがてつぎつぎと閉鎖に追い込まれる。それでも木崎《きざき》小作争議などの農民運動と結合して一九三〇（昭和五）年に設立された新潟県の五泉《ごせん》診療所と葛塚《くずづか》診療所は、四一（同十六）年に弾圧でつぶされるまで活動した▲。

なお、東京大震災《だいしんさい》（一九二三〈大正十二〉年九月一日）時の救援活動で開始され一九三八（昭和十三）年、弾圧による解散まで活動した東京帝大セツルメント▲の診療活動もある。それに参加し関係した医学生出身者で無産者診療所運動に参加した人びともいる。

▼**無産者診療所運動**　津川武一著『医療を民衆の手に』によった。もっと多くの詳細な記録がほしい。

▼**東京帝大セツルメント**　関東大震災の犠牲者への救援を目的に結成された帝大学生救援団に発し、末広《すえひろ》厳《いず》太郎《たろう》教授の指導のもと一九二四（大正十三）年東京・本所《ほんじょ》柳島《やなぎしま》に誕生し、大学セツルメント運動の画期を記した（高島進「帝大セツルメント」大月書店版『社会福祉辞典』）。

国民健康保険法の成立過程

国民健康保険制度成立の略年譜

政府当局の側としても、医療保険の増設が宿題となっていた。さきの健康保険制度の適用から取り残された従業員五人未満零細事業所の労働者の扱いなども宿題だった。一方で人口数が多くかれらの極度の窮乏化が緊迫した社会問題となっていた農民の医療飢餓問題の緩和を中心課題とし、結局、国民健康保険制度の創設によってそれらを扱うことになる。

国民健康保険法案はまず農業恐慌下の窮乏農民の医療窮乏対策として研究・策定されたが、最終的には戦時体制開始のもと国家総動員のための「健兵健民《けんぺいけんみん》政策」に包摂されて制定され、戦時下に拡張される。一九三八年の国民健康保険法の成立にいたる過程の略年譜は、次ページのとおりである。

思想・治安対策としての法案準備

まず、内務省による国民健康保険制度要綱案の策定をうながした大きな社会政策の背景として、昭和恐慌下の農民窮乏化に根ざす小作争議の激化と社会主義の浸透に対する対策の必要がなおも重視されていたことが注目される。立案

●──国民健康保険制度成立の略年譜

年　月　日	出　来　事
1933(昭和８)年６月27日	内務省社会局が農民を対象とする任意制健康保険制度要綱案を立案。
34(　９)年７月	社会局が国民健康保険制度要綱案(未定稿)を発表。
35(　10)年10月24日	内務大臣が社会保険調査会に国民健康保険制度要綱案を諮問。
12月10日	社会保険調査会が同制度要綱修正案と希望決議を答申。
37(　12)年３月９日	林内閣が国民健康保険法案を第70回帝国議会に提出。
３月31日	軍部の圧力で突如衆議院が解散し同法案廃案となる。
７月７日	日中戦争勃発。
10月26日	内相，社会保険調査会に「国民保険事業を国民健康保険組合以外の者に行なわせることに関する件」を諮問。
12月10日	社会保険調査会が，条件付で代行を認める旨を答申。
38(　13)年１月	第一次近衛文麿内閣のもと厚生省および保険院が新設され，その第一法案として国民健康保険法案が第73回帝国議会に提出される。
４月１日	国家総動員法を制定・公布。
	国民健康保険法を公布(７月１日施行)。

▼思想対策　佐口卓も、「当時の社会情勢を反映しての思想対策としての国保の制定であったということに注目しなければならない」と論じている(佐口、一九九五)。

当時の内務省社会局社会保険部長川西実三《かわにしじつぞう》は、「国保制度立案の回顧」なる文章において、時の社会局長官丹羽七郎《にわしちろう》が「当時国家の重要施策であった思想対策として国保を制定すべしとの自分の献策を全幅の共鳴同感を以て採用され(一九三三〈昭和八〉年四月十二日提唱、翌十三日局議決定)、後《のち》内務次官になられ、十年七月逝去まで異常なる熱意をもって支持して下されたため、……(一九三三年八月一日)決定の省議を貫き続け得たことと思う」(『国民健康保険二十年史』)と回顧している。国民健康保険法の原案ともいうべきこの要綱案は、まず「思想対策」として登場した。▲

隣保相扶主義を内容とする日本的保険主義として

一九三八年制定の「国民健康保険法」の第一条は、「国民健康保険ハ相扶共済ノ精神ニ則リ疾病、負傷、分娩又ハ死亡ニ関シ保険給付ヲ為スヲ目的トスルモノトス」と定めた。つまり保険料を出しあい助けあうこと、とくに隣保相扶をうたっている。この「相扶共済」の思想的方法は、「惰民《だみん》」防止要請の名目で資本家負担と公的保障を忌避する恤救《じゅっきゅう》規則以来の伝統をいかし、それをもっとも安上がりの自助および互助的な保険として国家保険の創設にいかすものだった。

国保における相扶共済の原則は、同法の制定時に、担当官吏によって日本的保険主義に翻訳され、近代的衣装をまとう。それは、戦後のとくに近年において自助と助け合いを強調する「社会保険方式」主義の先駆をなす。

その初期形態である国民健康保険法の場合について、その策定者となった清水玄の説明を紹介しよう。彼は内務省社会局にあって前掲『要綱』や法案の策定にあたり、のちに厚生省保険院社会局長として法律の制定と実施を担当した官僚である。彼は法律制定直後に上梓《じょうし》した解説書『国民健康保険法』のなかで次のように論じている。

農村に医療が普及せず、収入が低下するなかで医療費支出の困難が増し、時局匡救医療事業も行われたのであるが、「かくの如き無料の医療を一般に与ふることは時に弊害なきにしも非《あら》ず、恒久的施設としては自助的方法によるべきである」。「これ国民健康保険制度が案出された理由の一である」。「多額の金額が医療費として支出され、しかも医療費の性質上それが一時に入用の場合多く経済的窮迫を生ずることが多い」。「この一時に来る医療費の重圧を除くことはその危険を平時に分散する保険的方法による外《ほか》はない。而《しか》も此《こ》の方法に於《お》いても前掲施設同様に医療費の軽減といふことも成し得られるのである。これ非常時対策として国民健康保険制度を立案した理由の一である」。保険制度は農村の医師に確実な収入をえさせ、医療機関の普及にも役立つ。要するに「国民健康保険制度は農村民の自力により医療の重圧を除きて農村の生活を裕にし同時に其《そ》の副作用として医療機関の分布を訂正し地方衛生状態を改善し以《もっ》て国家全体の安寧福祉を増進するを目的とする防貧施設たるものである」。

はたして、一九三七年提出の国民健康保険法案と制定法の第一条は、前掲のとおり「自助」としての「相扶共済《きょうさい》の精神」を強調した。この点にこの法律の一大特徴がある。一方、国庫負担については、法案では第四十九条、制定法では第四十七条において、「国庫は予算の範囲内に於て組合の事業を行ふ法人に対し補助金を公布することを得」、「道府県及市町村は組合及組合の事業を行ふ法人に対し補助金を交付することを得」とし、抑制的および恣《し》意的に「補助」することにとどめ、社会的扶養をおさえたのである。

したがって社会保険としては給付内容がきわめて低劣なものとされ、それでも財政的に維持困難なものとされた。絶対的窮乏状態にあった「自立・自助」能力なき農民を含めての社会保険であるとすれば、被保険者以外のものによる扶助的負担、とくに地主および国庫負担を大幅なものにしなければならないわけで、少なくとも健康保険における保険料の使用者側負担（原則、労使折半）相当以上の社会的扶養分、つまりとくにそれ相当の地主および国家負担なしには成り立たないことは、論理的にも、また戦後の国保における国庫負担の高い割合に照らしてもあきらかであった。

国保の財政方式への批判

相扶共済主義の必然的結果としての国庫負担回避、被保険者の保険料による全面的自己負担は、健康保険制度と対比して批判された。政府機関でもある社会保険調査会でさえ、一九三五（昭和十）年十二月十日付の答申（清水、同前収載）の四項目の希望決議の筆頭に、「現下の情勢に鑑み出捐《しゅつえん》▲能力乏しき者をも本制度に於て保護する必要あるを以て国及地方公共団体の補助金は可及《かきゅう》的に多額とすること」という要望を掲げた。しかも、貴族院での審議に際し産業組合中央会会長有馬《ありま》頼寧《よりやす》が、政府は、初年度の経費四四万円を郵便貯金の利子引下げというわば大衆収奪でまかなおうとしていると批判した。衆議院での審議に際し

▼出捐　支出のこと。

ても、補助金の増額が要求された。また、新聞紙上では、一九三八年三月三十一日の『東京朝日新聞』社説が、「殊に看過し難いのは、予算関係に於て施行費用が極めて貧弱で法の外形だけ備えても事実の慶福《けいふく》に於ては羊頭狗肉《ようとうくにく》に終わるのではないかで（ママ――誤植か転記まちがい）、例えば国民健康保険法、社会事業法の場合に於て痛切に憂慮せられるのである」、と苦言を呈している。

もっと本格的な批判は、社会保険調査会の委員でもある松岡駒吉《まつおかこまきち》▲・賀川豊彦《かがわとよひこ》▲名義の共同声明「国民健康保険法案に対する我等の態度」（一九三六〈昭和十一〉年一月）にみられる。抄録すればこうである。「社会局原案は現行健康保険よりも不利である」。「今日窮乏を極めている農村に施行する国民健康保険において、何故に被保険者は、現在工場、鉱山、交通、運輸労働者の健康保険に於ける、保険料の資本家負担部分をも自ら負担し、法規上労働者が受け得る一人当平均最高二円（昭和八年の実額のうえでは、政府管掌一円三八銭六厘、組合管掌一円五〇銭四厘）の国庫補助に対して、農民は四十銭しかもらうことができないのか」。また、「社会局原案は医療組合よりも不利である」から、医療組合による全面的代行によって農民に有利なものとすべきである、と。

▼**松岡駒吉**　一八八八〜一九五八年。労働運動家・政治家。日本《にほん》労働総同盟《ろうどうそうどうめい》右派の中心人物。社会民衆党・社会大衆党中央委員。第二次世界大戦後、日本労働組合総同盟会長・衆議院議長を務めた。

▼**賀川豊彦**　一八八八〜一九六〇年。神戸の細民《さいみん》地区で貧民伝道と隣保事業に従事し、一九一九（大正八）年以降、友愛会関西労働同盟会の責任者となり、二一（同十）年の川崎《かわさき》・三菱造船所の大ストライキを指導した。キリスト教社会主義の立場で労働者・貧民の生活保障と人間解放を唱え、農民組合や消費組合など多彩な運動を展開し、関東大震災後は東京にて都市社会事業、医療救済活動などで庶民の生活向上のために貢献した。戦時中、逮捕された。

もちろん、開業医の全国組織である医師会は医療組合そのものの撲滅《ぼくめつ》を期していたので、激突する関係にあり、医療組合は営利的開業医を強く批判した。そこで声明は続けてこう述べた。

社会局原案では国民健康保険が医師の民衆搾取機関となる恐れがある。現在農村では医師が医療費のかなりの割合を集金できないでいる。然《しか》るにこの制度案では、「わずか政府が一割の補助をするだけで、是等の未収金額は悉《ことごと》く国民健康保険組合を通じて医師の手に入ることになる」。しかも近代医療を受けていない僻村の人々を含めて「一人当四円の保険料を徴収して……其の医療費は組合を通じて全額医師の手に入るのだ」。

さらに健康保険の資本家負担に相当する地主負担を強く要求した。至極《しごく》当然な要求である。

国民健康保険法(以下、国保法)案は、当初農民だけを対象にして研究されたが、まもなく昭和恐慌下の都市における失業と貧困の増大も注目され、健康保険未適用の都市住民、零細経営・不安定労働者をも包含する法案に改められた。戦前の日本でおもな失業対策とされた帰農政策、つまり農村に帰す政策を適用できない都市に定着し滞留する労働者も、増大していたからである。

国保法は、その保険者として普通国民健康保険組合のほかに同一の事業および業務従事者による特別国保組合を定めた。しかし、やはり中心は農民を中心に市町村の区域により設立される前者とされた。清水玄は前掲書において、「普通国民健康保険組合は市町村の区域により設立するを原則とする。隣保団結の基礎としてかくの如き行政区画を採ることが最も実情に適するからである」と論じた。

市町村区域を単位とする社会保険を重視する立法当局の政策説明には、伝統的な、半封建的な「隣保相扶」の原則を土台にし、それに自助的な保険原理論をまぶして構成したものが含まれた。前者は、かの恤救規則以来の、「窮民の救助を住民の共同体内の隣保相扶に期待する」原則である。法案策定に従事した川村秀文は、「わが国の農村漁村においては従来より地域的に所謂《いわゆる》隣保の観念の強いものがあり、同一市町村の住民は精神的郷土的に力強く結合されて居るのでこの団結を基礎として本事業をせしむることが本制度の趣旨を達成する上に最も実情に適する所以《ゆえん》である」、と解説している(『国民健康保険法詳解』)。

後者の保険原理による説明を行った清水玄もまた、前述のようにその保険原理を農村共同体的な隣保相扶の思想をもって説明した。

そもそも隣保相扶共済論は、社会政策の負担を擬似共同体的な相互扶助に転嫁して公的責任と資本家および地主の負担責任を回避するわが国社会政策の伝統的イデオロギー装置なのであるが、この局面では、そのうえに特殊な時代的意義を有した。すなわち、この時期に新設の国保組合によって農民らの再組織化をはかることとは、昭和恐慌と小作争議の激化によって一層弛緩《しかん》・衰退させられつつあった地主支配下の農村共同体を、侵略的な戦時体制に向かう天皇制国家・自治体行政組織に一層取り込んで、再編し、補強し、動員しようとする政策施設の一環をなすものであった(菅野、一九七八)。

社会および国家の改良主義的な施策施設をも一部に織り込んで農民を再組織化しようとするイニシアティヴとヘゲモニーをめぐって、軍国主義化のもとでもまだ、せめぎあいが続いていたとみるべきであろう。後述の産業組合による代行問題もその一環であった。

また、国庫負担を最小限におさえ自助と隣保相扶に転嫁することは、侵略戦

▼**国家総動員法**　一九三八(昭和十三)年四月公布(四五〈同二十〉年十二月廃止)の戦時総動員法で

争の拡大を担保する軍事費の急増に対応するためにも、必須だったのである。

兵丁増強必要の切迫と困難化への対応

しかし、もっと直接的な契機は、徴兵検査成績の顕著な悪化だった。一九三七年、日本軍部の「日支事変《にっしじへん》」挑発による日中戦争の開始にともない「戦時体制」に移行し、翌三八年制定の「国家総動員法《こっかそうどういんほう》」▲体制を構築するうえで、その中心をなす「国民皆兵」のために戦える壮丁を確保する必要が緊急事となっていたのに、その主要な供給源をなした農村の栄養・衛生状態の悪化で農村青年の健康と体力（体位）が急速に悪化し、それが徴兵《ちょうへい》検査成績▲の合格率を悪化させ、軍部とりわけ陸軍首脳部を震撼させた。

すでに一九三六年六月十九日に広田弘毅《ひろたこうき》内閣の閣議において、陸相寺内寿一《てらうちとしかず》が「壮丁および在営兵の憂うべき健康状態、特に近年の顕著なる傾向より保健国策樹立の必要」を提唱して支持され、首相が内閣調査局に調査・立案を命じた。同月の二十二日に陸軍省は「再び衛生省設立の急務に就いて」という文書を発表し、そのなかで、第一次世界大戦後の欧米諸国が「衛生の振興」を国策として急速な回復・改善に成功している、ただちに新省を設置し対策を強化すべし、

ある。あらゆる人的・物的資源を政府の厳しい統制下におき、経済と国民生活をあげて戦争遂行のために動員するための基本法である。労務・賃金・物資・物価その他産業の各分野について統制の権限を政府にあたえ、総動員勅令を発しうるものとした（『社会科学総合辞典』）。最近、制定された「有事立法《ゆうじりっぽう》」がその再版とならないよう念ずる。

▼徴兵検査成績　「わが国の徴《ちょう》兵《へい》検査の成績によれば不合格者丙・丁種は大正十一～十五年平均に於いて千人に付二五〇人内外であったが、昭和二～七年平均においては三五〇人、昭和十年には四〇〇人に激増しているのであって、この趨勢をもって推移せんか数十年ならずして国民の過半は丙、丁種の体位劣弱者たるに至るであろう」と、強い危機感が吐露《とろ》されていた（『協同組合を中心とする日本農民医療運動史　前編・通史』）。

という趣旨のものであった。軍部はその「健兵健民」政策の実現をはかるために、その政策を担う新省の設置を条件にして、第一次近衛《このえ》文麿《ふみまろ》内閣の成立を認めた。そして同内閣は、内務省から分離させて「厚生省」を創立することとした（一九三八年一月十一日の勅令による）のであるが、厚生省の構成についても、近衛らが旧社会局を種に厚生面を中心として構想したのに、陸軍の要求に押し切られて「体力局《たいりょくきょく》」を筆頭局とし、「保険院《ほけんいん》」を外局とさせられた。

厚生省は早速、内務省から国民健康保険法案を引き継ぎ、保険院を主管部局として同省提案法案第一号として同法案を帝国議会に上程し、わずかの修正で可決・成立させた。

事務代行問題

さて、国保法の制定過程での最大の係争点は、産業組合または医療利用組合による事務代行問題であった。この点については政府内でも厳しい対立があり、そのために成案と議会提出が手間どった程である。他方、賀川豊彦らの「労働組合、農民組合、産業組合を基礎として、国民健康保険組合を組織せしむること」をめざし、そうすることで農村では産業組合に未加入だった貧農民をも加入させて「真に大衆化」させようとする路線は、社会運動の領域ではかなり広い支持をえた。しかし、肝心の産業組合がまもなく戦時下に御用《ごよう》組織とされ、しかも結局、国保法においても、当初の第九条の代行規定を第六章雑則第五十四条に格下げし、「営利を目的とせざる社団法人(にしてその社員のために医療に関する施設をなす者)には(代行を―相澤)許可する」と、ごく狭く制限されることで挫折させられた。さらに実際の法施行においては、医療利用組合でさえ補助金などで差別され、代行は例外扱いされた。まったくの御用組合に転じた産業組合でさえかつての「自主性」の名残がうとまれ、国保専門組織＝国保組合を通じての画一的な統制が追求されたわけであろう。そうすることで「隣保共済」の実さえも否定されたのである。

●―体力手帳　表紙裏には「国家ガ国民ノ体力ヲ管理シテ立派ナ皇国民トスル為交付スル」とある。写真は一九四二年生まれの女子に交付されたもの。

⑤―戦時国民皆保険化と形骸化

国民皆保険化政策とその実体

大河内一男《おおこうちかずお》著『戦時社会政策論』が重視した、日本の戦時における労働力保全政策としての社会政策は形骸化され、反対方向に転落していった（加藤、一九七〇。相澤、一九九五）。彼がそれに比し役割を軽視した戦時社会保険の制度枠と適用の拡張が急進展した。

あらかじめ戦時社会保険制度の急展開を年表によって概観すると、次ページ表のとおりである。

文脈上、まず、国民健康保険（国保）制度からみていこう。

国保制度は、経済危機・生活危機と社会不安のもとでの農民の医療飢餓《きが》・医療貧乏への対応策として策定されながら、戦時体制移行のもとで徴兵検査の悪化に対応する「健兵健民《けんぺいけんみん》」政策の手段に転じて成立させられたのだった。

日中《にっちゅう》戦争が戦線の拡大でどろ沼と化し、見せかけの前進のなかで苦戦が増した。兵力が消耗する一方で、太平洋戦争に向かう危機に対応して兵力を急増さ

●──少国民の錬成　在校時間中の裸を強制した国民学校もあった。

●──戦時社会保険制度の急展開

年　月　日	出　来　事
1934(昭和９)年３月26日	「健康保険法改正法」公布(1935年４月１日施行。常時５人以上の労働者を使用する工場・事業所に適用を拡大)。
38(　13)年４月１日	「国民健康保険法」公布(７月１日施行。農村その他の非被用者を対象，任意組合設置・任意加入)。
39(　14)年４月６日	「職員健康保険法」公布(翌年６月17日と７月１日施行。流通・金融部門の職員を対象)。 「船員保険法」公布(翌年３月１日一部，６月１日全面施行。「船員」を強制被保険者とし，療養給付または傷病手当金，養老年金，廃疾年金，廃疾・脱退・死亡手当を規定)。
41(　16)年３月11日	「労働者年金保険法」公布(翌年１月１日一部，６月１日全面施行。常時10人以上を使用する工鉱業と運輸業の労働者を強制被保険者とし労働者年金保険を創設)。
42(　17)年２月21日	国民健康保険法の大改正法を公布(５月１日施行。「健兵健民」をはかる「国民皆保険」政策のため，特別組合の強制設立・組合員の強制加入，保険医の強制指定，診療報酬額の公定，代行組合の制限撤廃)。 健康保険法の大改正法の公布(翌年４月１日施行。職員健康保険法を統合，法の適用範囲を拡大，保険給付の拡充〈家族給付の拡充，結核への給付延長〉，一部負担金制度採用，保険医の強制指定)。
44(　19)年２月16日	労働者年金保険法改正法公布(６月１日施行。厚生年金保険法と改称，適用範囲を事務職員・女子５人以上使用事業所に拡張)。

せる必要に迫られたのに、徴兵検査の成績が下降していた。一九四一（昭和十六）年一月に第二次近衛文麿《このえふみまろ》内閣（陸相東条英機《とうじょうひでき》）は、戦力および戦時労働力としての人口増加をはかる「人口政策確立要綱▲」を閣議決定した。八月に厚生省に人口局を新設し人口政策を推進する行政機構とした。同年十月に陸軍省側の代表として陸軍軍医中将小泉親彦《こいずみちかひこ》が厚生大臣に親任されるや、「健兵健民」政策を唱え、厚生省保険局長木村清司《きむらせいじ》の提言をもとに、十二月、翌年からの三年間に全国の市町村に健康保険組合を設立させるという「健兵健民」政策のための「国民皆《かい》保険」政策を打ち出した。

　翌年の二月、この政策実現の具体化をはかるために、国民健康保険法と健康保険法が大改正された。とくに前者は、地方長官の命により国民健康保険組合を強制設立させ強制加入させることができるものとし、また保険医・保険薬剤師制度を定め、政府が強制指定するものとし、また診療報酬を厚生大臣が統一的に定めるものとし、医療施設がない法人にも事業の代行を認めるなどの大改定を行うものであった。その年の三月には国家総動員法の改正で政府権限がさらに一層大幅に拡張されていた。政府はその権限を行使し「激しい普及督励▲」で

▼人口政策確立要綱　『厚生省五十年史（記述篇）』での要約の前半はこうである。「東亜《とうあ》共栄圏《きょうえいけん》ヲ建設シテ、其《そ》ノ悠久《ゆうきゅう》ニシテ健全ナル発展ヲ図ル」ため、一九六〇（昭和三十五）年内地人口一億を目標とし、「東亜」の指導者としての矜持《きょうじ》（正しくは矜恃）と責務とを自覚するも民族の量的質的発展を確保すること、(イ)人口増加の方策は、出生の増加を基調とし、併せて死亡の減少をはかることを目標とすること。同書に全文も収載。

▼激しい普及督励　『国民健康保険二十年史』にはこう書かれている。「厚生省保険局長平井章氏は局内各課長を地方庁に派遣して普及を促進せしむる一方、各都道府県に普及すべき被保険者数の割り当てを行い、再三主管課長の普及会議を東京に招集し、当局から指示が与えられ、かつ、個々に普及進捗《しんちょく》状況が聴取されて、不振な府県には厚生省の係官が指導に乗

り込む仕組みになっているなど、かなり激しい普及督励が加えられた」

国保組合を増設させた。

「昭和十七（一九四二）年度は新たに四、九四六組合（被保険者数一五九〇万人）、昭和十八（一九四三）年度は新たに三、六九九組合（被保険者数一四七六万人）が設立された。その結果、全国の市町村の九五％に国民健康保険組合がみられるようになり、都市部などを除き、ほぼ国民皆保険が達成されたという状況に達した」（『厚生省五十年史　記述篇』『国民健康保険二十年史』）。

もちろん、『厚生省二十年史』が明記しているように、この「第一次国民皆保険」化には、財団法人国民健康保険協会のごとき外郭団体はもちろんとして、全国市町村会、社会事業会、大政翼賛会《たいせいよくさんかい》、翼賛壮年団、日本医師会、日本歯科医師会などが動員され、大政翼賛的な運動として組織され推進されたのである。そのほかにも、公認統制組織に転じ改正法によって事業の代行権を広くあたえられた産業組合の中央会とその支会が積極的に普及運動に参加し、旧社会民衆党系の三宅正一《みやけしょういち》ら農村議員同盟も協力した。

これらの動向には、医療窮乏に苦しむ農民たちの痛切な必要と要望を反映し、それらが組織され吸収された側面もあったはずである。

しかし、この戦時の急激な「国民皆保険」化とともに制度の空洞化、形骸化も進行した。『厚生省五十年史』は、「このように国民健康保険は量的には著しい拡大をみたが、その反面、国民健康保険組合の活動はむしろ低下していった。また、療養の給付面で医師・看護婦・医薬品のすべてが不足しており、十分な活動を行うことができなかった。終戦当時にあっては、国民健康保険組合の半分以上が事実上活動を中止していた」と記している。近藤文二《こんどうぶんじ》も、戦時「国民皆保険」を「見せかけの前進」と評し、一九四七(昭和二十二)年九月公表の厚生省保険局「国民健康保険に関する当面の指針」から、「組合員間に、本当の組合精神も十分徹底せず、また組合理事者も、組合の運営について熟達していなかった憾《うら》みがある」などの反省点を引用している(近藤、一九四八)。

しかし、もっと根本的な原因は普及における強権性、とくに低診療報酬の強制にあったはずである。もっとも強く国保に反対していた医師たちは、強権に面従腹背《めんじゅうふくはい》の姿勢をとり、極力、骨抜きと怠業をはかり、敗戦による強権の解体とともに保険診療の放棄に走った。近藤の前掲書が保険報酬の実態に対する医師側の不満を次のように紹介しているなかに、医師たちの不満と反抗の主因をうかがうことができる。

一九四二年の法改正によって診療報酬は法定化され、厚生大臣が医師会の意見を聴いて決定するものとされたが、「この一点単価が慣行料金以下であるところから、いろいろの紛議が生じたのである。すなわちこの問題は、健康保険の場合も等しく問題となったのであるが、とくに国民健康保険の場合には、事業主の助力を得るといったことがなかったのでより大きな問題となった。特に、診療報酬における地域差を認めず、また技能的差異を認められていないという事実、さらにその基礎となる一点単価が慣行料金より遥かに低く戦時中における一点単価二十銭、これで行くと診察医療の場合には三点で六十銭、按摩《あんま》の料金にも当たらないという有様であった。そしてその結果医師の不協力を自ら招いた」。「現に、療養の給付に関連して、保険医側の非難は数多くある。が、その第一はこの点であって、その結果、適正なる医療が行われず、組合によっては止むを得ず、直営診療施設をもつに至り、或いは、組合医の設置が問題になるに至ったのである」（近藤、一九四八）。

当然、敗戦とともに国保制度は形骸だけを残してほとんど瓦解する。

以上、国保の成立と「国民皆保険」をみたのは戦後との関連と対比のためである。やはり小川政亮《おがわまさあき》の整理を借りると、戦後、日本国憲法のもと、「社会保障制度審議会」▲は一九五〇（昭和二十五）年勧告をへて、五六（同三十一）年に「医療保障制度に関する勧告」をだし、その「勧告を踏まえて一九五八（昭和三十三）年十二月には、（戦時と異なる全国民対象の社会保障体系の一環として―相澤）国民皆保険を謳《うた》い、現行の国民健康保険法が成立」する。同法は日本国憲法の第二十五条▲をうけて第一条に、「この法律は、国民健康保険事業の健全な運営を確保し、もって社会保障及び国民保健の向上に寄与することを目的とする」と明記した。そこで、同法を立案した厚生省当局者が「国は国民健康保険事業の運営が健全に行われるように各般の義務を負う」のであって、具体的には、とりわけ「国が健康保険事業に対し負担金ないし補助金を公布する場合が、その端的な表れである」（厚生省、一九六〇）と書いていた。ちなみに、われわれはこれを使用者負担とともに社会的扶養または社会的保障を担う国家負担とみなし、社会保障の主要素とみている。ところがとくに一九八〇年代以降には、国保を自助的な助け

▼社会保障制度審議会　一九四八（昭和二十三）年の「社会保障制度審議会設置法」により設置された。総理大臣の所管に属し、他の審議会とちがい諮問への答申だけでなく自主的に調査、審議、勧告を行う権限と、社会保障立法に関しあらかじめ同審議会の意見を求めることを内閣に義務づけていた。一九五〇（昭和二十五）年勧告をはじめとする諸勧告を行い、日本の社会保障制度に大きな影響をあたえた。行政改革の省庁再編により二〇〇一（平成十三）年一月に廃止された。

▼日本国憲法第二十五条　日本国憲法が定める基本的人権の基本をなす生存権保障規定。「すべて国民は、健康で文化的な最低限度の生活を営む権利を有する。②国は、すべての生活部面について、社会福祉、社会保障及び公衆衛生の向上及び増進に努めなければならない」。

合い保険であると強調し、国庫負担の大幅削減と保険料の急激・大幅な引上げ、未納者からの保険証の取り上げ（「資格証明書制度」）を強行している。小川はこれを「旧法の精神が現行法の精神であるかの如くに人民を欺《あざむ》く違法を敢えて」するものである、と評した（小川、一九八九）。端的に本質をつく批判である。

と同時に、本質的には現行国保制度も国家独占資本主義の一装置であるので、それ自体は社会改良的制度でありながら、集団的「自助」の強制と収奪の強制機能をも伏在させている。だから民主的規制力が後退するなどし、全体的情勢が転変すると、自助の強制機能が前面に押しだされ、表出するのである。

職員健康保険法の制定と健康保険法への統合

前述のように被用者健康保険は、まず現場労働者に対する健康保険法として制定・実施され、現場の職員にも適用されたが、本社の職員層には適用されなかった。また、商業および金融業などの店員と、職員層に対する健康保険を設けることが要請されていた。しかも軍国化の一般的な時局的問題として、都市生活者の体位の劣化と結核の蔓延《まんえん》への対策が喫緊《きっきん》となった。結局、戦時保健対策としてこれらの職員層に健康保険法の適用を拡張することになるのであるが、健康保険制度の実施過程での医師会との厳しい確執による難航の経験と、店員および職員層の現業労働者との社会階層的意識の違いなどに関連して、まずは別個の制度が制定される。

若干の曲折をへて、一九三九(昭和十四)年三月二十五日に「職員健康保険法」が可決・成立し、翌年の六月から全面施行となった。

同法は、保険者を政府と職員健康保険組合とするなど、健康保険法と類似の要素も多いが、若干の重要な違いが盛り込まれた。すなわち八割給付二割被保険者負担と、家族への給付拡張のほか、定額単価式の診療報酬制などが採用された。健康保険制度における診療報酬が人頭式単価制をとり、単価が医師会との団体契約交渉によって決定されることで実施が困難をきわめたことへの反省により、政府が定額単価を公定してその交渉の困難を回避しようとしたらしい。また家族給付の導入は、労働者・職員家族のニーズに応えつつ戦時国民保健対策を拡張するために求められたのである。一方で保険給付を八割に制限し、二割被保険者直接負担にしたのは、医師に診療報酬決定の裁量の余地をあたえ対立の宥和をもはかった—それがかえって事務煩雑という矛盾を追加した—らしい(佐口、一九七七。『健康保険三十年史』上巻)が、もちろんそのほかに、保険財政負担の緊縮と自助努力を誘導し強制するためであっただろう。

これら過渡的立法における国家統制の強化策や保険財政原則の変更は、ただちに影響を広めた。

後述のように同じ一九三九年の第七十四回議会で、長らく懸案とされた「船員保険法」も可決され、これらの新法との調整のために同じ議会で健康保険法も改正され、家族給付と結核性疾患に対する給付の延長が行われることとされた。『健康保険三十年史』上巻は、「これら一連の立法上の動きをみると、国民健康保険の成立を突破口として、わが国の疾病保険が労働者保険から医療保険への転進を試みたものであり、また労働者保険から社会保険への成長▲を物語るのである」と評している。それにつづく「健康保険法の運用に対する医師団の抵抗が、かえって医業制度への規制となって立ち現れたことも見逃すわけにゆかない」との評価は面白い。いずれにせよ医療費支払いの「社会化」に対する開業医の抵抗がかえってその国家的規制の強化をうながした。

▼**社会保険への成長**　「ビスマルク社会保険」ともいわれるように、われわれの理解では、労働者保険を含めて社会保険という。労働者保険のなかにも疾病保険＝医療保険があるからである。

「この職員健康保険法の改正(昭和十七〈一九四二〉年二月二十一日法律三八号)をもって、昭和十八(一九四三)年四月一日、(職員健康保険が)健康保険制度に統合され、保険医制度および医療給付の方法も画一的に統制されることとなった」(『健康保険三十年史』上巻)。この一九四三年の大改正により、「家族給付および結核延長給付の法定化、分娩費の増額、家族分娩費の開始、一部負担制の新設など、幾多の給付内容の改善が行われているが、とくに注目すべき点は、それまでの団体請負による医療給付の方式を改め、保険医制度を改革することによって、政府が自ら医療機関を指定し、医師に対する報酬を公定化したことである」(同前)。その制度改革は、戦後の今日におよぶ大きな影響をおよぼすことになる。

同時に、健康保険制度の労務管理補強と、階層格差強化と、五人未満事業所への未適用＝国保適用への放置が続くことになる。

もっとも太平洋戦争下では、健保制度の運用が窒息し、事実上機能しなかった。「というのは、医師の手不足、医薬品の欠乏により医療給付が思うように行われなかったこと、および戦時インフレにより労働者の賃金所得が増大したため、自費診療に走るものが多くなり、保健医療はあまり活用されなかったためである」(同前)といわれる。自費診療の蔓延には、公定診療価格が実勢価格より低すぎ、医師が保険診療をきらったことのほうが大きく影響したはずである。

以上、戦時下の医療社会保険の拡張を概括すると、基底では国民の体位悪化、健康状態の悪化による国民各層の医療ニーズと医療要求の増大によって促進された。ただし、直接的には軍国主義的な戦時体制下における軍部の壮丁確保の都合にあわせ、強権的に上から強行され、極度に階層差別的な医療社会保険の巨大な骨格が形成され、軍国主義的な「国民皆保険」政策の手段とされた。しかしその強権性のため、医師はもちろんとして、国民の支持もあまりえられず、医薬品と医療者の絶対的な不足が深刻化したので、その医療保険の制度体系は空疎な骸骨と化し、保健医療の国家統制による総動員体制はほとんど機能せずに挫折した。

戦前・戦時に形成された医療保険は、むしろ第二次世界大戦後になって、その骸骨に命を吹き込まれ、肉付けされて実効性をもち、発展することになる。

⑥―戦時労働者年金制度と戦時社会保険論

船員保険による年金制度の導入

一九三九(昭和十四)年の第七十四回議会に、船員保険法案が上程《じょうてい》され、三月十七日に衆議院を通過し、二十四日に貴族院《きぞくいん》本会議で可決・成立し、翌年六月一日より施行された。

そもそも船員の保護問題は、労働者保護と労働力確保の両面から長らく切実だった。船員保険の調査・立案は明治時代に始まり、船員の欧米との交流と労働組合運動の発祥も古く、その影響も受けた。また、一九二〇(大正九)年のILO総会における「海員失業保険制度樹立に関する勧告」の影響も受けた。大正時代にはいって論議が本格化し、とくに昭和初頭から船主協会と船員組合が関与して交渉が展開した。しかし、紆余《うよ》曲折《きょくせつ》があって立法化が遅延を重ねた(『健康保険三十年史』上巻)。

ようやく一九三八(昭和十三)年一月からの厚生省の発足に加え、とくに日中戦争のもと海運業と船員労働の確保が国防上の緊要事と認識されるにいたった。

同年二月に海員協会と海員組合は共同で船員保険法私案要綱を付して請願を厚生大臣と貴衆両院議長に提出した。第七十三回議会に提出された同趣旨の議員法案は審議未了となった。これらに押され、厚生省も立案し、一九三八年一月に職員健康保険法案要綱とともに、船員保険法案要綱を保険制度調査会に諮問《しもん》した。使用者団体である全国産業団体連合会（全産連）が反対を表明した。法案中の年金制度が他の産業に波及するのを恐れ、また労資の「情誼《じょうぎ》」の破損と産業負担の増大を警戒したのである。法案は、大蔵省の国庫負担増大に対する懸念表明もあって、さらに改悪され、修正案が一九三九年三月、第七十四回議会に提出された。「広瀬《ひろせ》（久忠《ひさただ》）厚生大臣の提案理由の説明は、第一に海運業が国防上重要であり、第二に船員を確保する必要があり、第三にそのために船員の海上生活の特殊性を認めた保護を必要とする、ということから『船員の老後に於ける生活の安定を図り、優秀なる船員をして安んじて永く其の職務に従事せしめ、併せて其《そ》の疾病傷病《しっぺいしょうびょう》並に廃疾《はいしつ》に対する保護をなす為め』（米窪・鈴木、一九四〇）立案したというのであった」（佐口、一九七七）。同法は、一九三九年四月六日に公布された。

本来は船員労働者の切実な要求と船主側の労務管理の必要に発しながら、結局、国防上の都合が優先された。同法ははじめて公的年金制度導入の突破口を開いた点で画期的であった。が、諸給付は低いものとなった。

制度の概要は、漁船以外の「帝国臣民《ていこくしんみん》」の海員を強制被保険者とし、疾病、老齢、負傷、廃疾、脱退、死亡を保険事故とし、それらに保険給付を行い、費用負担としては国庫が長期給付（年金）費用の五分の一と事務費を負担し、被保険者と船舶所有者で保険料負担を折半するというものだった（概要は『厚生省史　記述篇』参照）。

近藤文二《こんどうぶんじ》は、年金保険制度として「問題となるのは養老《ようろう》年金と廃疾年金のみであって、遺族に支給される死亡手当金の如きは『遺族救済としては、未だ不十分なものであって、葬祭費用を償うに足る』（注・保険院《ほけんいん》「職員健康保険と健康保険の実施」〈『週報』第一八九号〉）に過ぎないものであることを忘れてはならぬ」と書いた（後藤・近藤、一九四二）。

実際、船員の海上労働は、太平洋戦争下にもっとも危険な戦時労働となる。制空権ばかりか制海権も失うなか、輸送船団が米軍駆逐艦の好餌《こうじ》となり、つぎつぎ海の藻屑《もくず》となった。そのむごさとむなしさを注視しなければならない。殺された多くの船員たちの遺族にとって、死亡手当は、せいぜい「葬祭費用を償うに足る」ものでしかなかった。さらに、被用者期間三年未満の遺族には、死亡手当規定も該当しなかった。船員たちは、一五年先の必要期間満了の空《から》約束のもとで働かされ、多くが海に沈められた。そして養老年金の積立分は軍国の戦費と化した。

労働者年金保険法から厚生年金保険法へ

労働者年金保険法の成立から厚生年金保険制度へ

労働者年金保険制度に導く一般的な契機としては、通常の労働者の賃金収入が、重度の災害障害や、死亡後の遺族の生活や、老後の生活をまかなうにたる貯蓄を許さないので、それに社会的に備える年金制度が必要であるということがあるわけである。▲奇妙だが、第二次近衛《このえ》文麿《ふみまろ》内閣の厚相金光庸夫《かねみつつねお》が一九四一(昭和十六)年二月八日に労働者年金保険法案を第七十六回議会に提出したときの提案趣旨説明中にも、類似の言説▲が含まれていた。

▼レーニンの社会保険綱領の冒頭　「(1)賃金労働者が生み出す富のうち、彼らがうけとる部分は、ほんのわずかである……こうしてプロレタリアは、傷害、疾病、老齢、廃疾の結果、労働能力を失うばあい、また資本主義的生産様式と不可分に結びついている失業の場合にそなえて、自分の賃金のなかから貯蓄するあらゆる可能性を奪われている。だから、すべてこのようなばあいの労働者保険は、資本主義の進行全体によっていやおうなしに命ぜられる改良である」。

▼厚生大臣金光庸夫の提案趣旨説明中のことば　「惟《おも》フニ労働者ハ、自己ノ労働能力ヲ以テ生活維持ノ唯一ノ手段トシテ居ルノデアリマシテ、老齢、廃疾及ビ死亡等其ノ労働能力ヲ減退又ハ喪失セシメマスル事故ハ労働者ニ取リマシテハ、其ノ生活ヲ不断ニ脅カスモノデアリマス……」(後藤・近藤、一九四二)。

日本史上にも年金給付の萌芽的先例があったことが、よく指摘されている。民間では一九〇五(明治三十八)年創設の鐘紡共済《かねぼうきょうさい》組合、それにもまして明治期に始まり二三(大正十二)年恩給法《おんきゅうほう》で統合された軍人および官吏の恩給制度と、二〇(同九)年に改革された国鉄共済組合をはじめとする一連の官業共済組合において、年金制度が行われており、そのうえに船員保険法で養老年金を中心とする年金制度の創設が行われ、直接大きな影響をおよぼしたというのである(後藤・近藤、一九四二)。さらにまた、健康保険法の制定時に貴族院で、廃疾年金保険の欠如を早期に解決されたい、との付帯決議がなされていた。

「労働者年金保険法」の成立経過とその意義に関する論議は、後回しにし、同法の概要からみる。

全文七六カ条の条文と施行令などのフルテキストも、その成立直後の詳解も、『労働者年金保険法論』(後藤清・近藤文二共著)に収載されている。その概要の説明を『社会政策制度史論』(土穴文人)から借用しよう。

①適用範囲は健康保険法の適用を受ける「常時一〇人」の工場・鉱山とする。

②こうした事業所の「帝国臣民」として男子労働者を強制被保険者とする。

③女子労働者については事業主の同意を得て地方長官の認可を受ければ任意加入被保険者とする（「女子職員」は除外）。

④保険給付は、(a)養老年金（資格期間二〇年、ただし坑内夫《こうないふ》は一五年または継続した一五年間に一二年、支給開始年齢五五歳、ただし坑内夫は五〇歳、年金額は平均標準報酬月額の三カ月分および二〇年を超える一年ごとに一％を加算した額を終身支給）、(b)廃疾年金（廃疾となる前の五年間に三年以上被保険者であった者に養老年金と同額を支給）、(c)廃疾手当金（平均標準報酬の七カ月分）、(d)遺族年金（養老年金の受給資格者が死亡したときは遺族に半額を一〇年間支給）、(e)脱退手当金（被保険者期間三年以上の者が死亡したとき、または資格喪失後一年間被保険者とならなかったとき支給）。

⑤保険料は一般労働者は一〇〇〇分の六四、坑内夫が一〇〇〇分の八〇、労使の折半負担とする。

⑥国庫は事務費の全額および給付費について一般労働者には一〇％、坑内夫には二〇％を負担する。

一九四一年三月公布のこの法制度は、日本帝国主義の戦時国家独占資本主義的社会保険をもっとも端的に代表するものであろう。もちろん、軍国政府が同法の制定に託した政策意図と政策効果は区別されなければならない。

まず、政策意図をうかがうに、厚相金光庸夫の提案趣旨説明では、生産力の拡充のために「労働者に安んじて其の職務に精励せしめる方策」として年金制度の制定をはかる、と述べた。

しかし、軍国政府が国をあげてのデマ情報で国民を地獄に導いていたこの時期に、額面どおりそれだけだったと考えるのはおろかである。

土穴は、一九四〇(昭和十五)年一月の米内《よない》光政《みつまさ》内閣の閣議における「通貨回収策の一翼《いちよく》として年金保険制度の整理強化」に関する申合せの意図が背後に退き、士気＝勤労意欲の高揚策に純化せられたかのように述べているが、これも誤りであろう。

立法当局の狙いを体系的に明示したものとして、保険院の責任者川村秀文《かわむらひでふみ》が同法制定の一九四一年に発表した論文「労働者年金保険の使命と皇国社会保険の将来」(『法律時報』第一三巻第一号)が注目される。それは、本格的な論説である。この論文は、この法制度創設の目的として、労働者の士気高揚のほか、(1)

「現下最大の要請たる生産力拡充の基本をなす労働力の培養確保を図ること」、(2)「戦時国民生活及国民思想の安定を期すること」、(3)「戦時国家財政政策の円滑なる遂行に資すること」の三点を目的に掲げ、(3)について、長期積立制度による強制貯蓄を採用することで撒布《さんぷ》資金を吸収し、インフレを是正し、戦時国家財政目的に活用することを論じていた。もっとも包括的な戦時年金保険論である。

戦後、これら三点のいずれをとるべきか、とくに財政金融機能を評価すべきかどうかをめぐって、それをも重視した同時代人近藤文二・服部《はっとり》英《えい》太郎《たろう》らの戦時社会政策論と、評価できないとする後代の異論(横山《よこやま》和彦《かずひこ》、土穴文人ら)がある。もっと若い世代の須《す》藤《どう》緑《みどり》の概説(横山・田多、一九九一)が、経済主義的な単純化のきらいはあるが、比較的公正であろう。それらを踏まえて若干のコメントを加えよう。

前記の閣議決定に示されるように、その成果の程は別として政策意図としてはやはり「通貨回収」と資金流用もはかられた。ただし通貨の回収が「戦費の調達」のためという通説的な意図だけではなかっただろうし、戦時インフレーシヨンの抑制をもはかるものであったはずである。立法政策の経済財政的意図は、川村論文も示唆しているように多面的であった。

一方、どの面で最大の政策効果をあげたのかは検証不能である。もちろん戦費への流用も行われたし、同時に多少とも戦時インフレ抑制の効果をもあげたはずであるが、そしてまた実際には、いずれもごく限られた成果しかあげられなかったということであろう。

共済組合制度も健康保険制度なども、いずれも事業所を単位として組織され加入するものとされたのに対し、この制度が「企業の枠を超えた唯一の社会保険と称すべき」であり、その点で「わが国最初の社会保険の栄をになうもの」であるとの津田《つだ》真澂《ますみ》著『日本の都市下層社会』での評価は、積立金の国家による一元的管理運用のために構築された一元的な財政的仕かけを、裏返しに評価するものであるといえよう。

なお、上程にさきだって諮問された保険院制度調査会が答申に際して付した希望決議には、社会保険制度の体系確立などのほか、年金積立金の有利運用と福祉向け運用が要望された。しかし、それは拒否され、結局、大蔵省資金運用

▼年金積立金の管理運用

『厚生年金保険二十五年史』にこう記

された。「積立金については、被保険者の立場から（厚生省の省益・権益もあった—相澤）、その運用権を握ろうとする厚生省当局と、国家資金の一元的管理運用の立場から、これに反対する大蔵省当局との間に、折衝がなされたのであった。保険制度調査会においても、『此ノ問題ハ労働者ノ利益ニ極メテ密接ナル関係ノアル重大ナ問題』であるので、『其ノ運用ニ当ッテハ被保険者及事業主ノ意向ヲ代表スル者ヲモ参加セシムル』ように、希望決議として全会一致をもって決定したのであるが、結局、原則として大蔵省預金部において他の資金とともに一元的に管理運用されることとなり、ただ、一九四二（昭和十七）年十月の『労働者年金保険特別会計ノ余裕金及積立金ノ取扱ニ関スル大蔵大臣ト厚生大臣トノ協定』により、その一部が労働者の福祉施設に還元融資されることとなったのである」。

部に一元的に預託され管理運用されることとされた。▲その仕かけが戦時には軍国主義的な総力戦のための財政金融目的に用いられ、戦後には大部分が公共事業への流用に、一部が福祉還元の名目で企業福利目的に利用されるのである。

なお、この制度は、労働力移動抑止＝軍需企業による労働力確保＝足止めと、それによる賃金抑制の方策としても重視された。一九四〇年十月に保険制度調査会において保険院総務局長川村秀文が「労働者年金保険法案要綱」に関して行った説明（『厚生年金保険十年史』）のなかで、「労働者は……同一の事業主の下に働いて居ると云う様な者は極めて稀でありまして、大部分の労働者は此《こ》の間に数回多くは十数回其の職場を変わると云う実情にあるのでありまして」と、足止め、労働力移動阻止の必要を強調し、この制度がそれにも役立つと説明した。

なお、自発的な労働移動を極度に制限・禁止した戦時労働統制下でのかかる激しい労働力移動は、労働統制の破綻を示すものであるとともに、争議禁止下における劣悪な労働諸条件と労働強制に対する「労働争議の変形」であり、労働条件の適正化を迫る反抗の増大を意味したのである（服部、一九六九）。

この労働力移動を抑制し長期勤続を優遇するために、一〇年きざみの年金アップと炭鉱夫の受給資格期間の一二ないし一五年という設定、他面での勤続年数加算や通算制度の欠如が仕組まれたのである。脱退手当金の設計も含めて、戦時労務体制＝「軍事監獄《ぐんじかんごく》」中の労務管理補充策だったのである。

このくだりですでに思想的効果が期待されていたが、民主運動の圧殺後の戦時強制労働の局面だからこそなおさら思想的動揺を恐れ、思想的動員の前提をなす思想的安定をはかることが独自の重要課題とされていた。「戦時国民生活及国民思想の安定と労働者年金保険との関係である」。真実には、侵略戦争遂行のために強制労働を課し、賃金・労働諸条件、生活水準を切り下げながら、将来に労働者年金の空《から》約束をし、幻想をあたえて騙《だま》し、酷使《こくし》しようとしたのである。「戦時社会政策」の一大企図を成すものである。

なお、一九三九（昭和十四）年七月の保険院総務局の「勤労者厚生保険制度要綱草案」から同調査会の答申にいたるまで、繰り返し失業保険の提案がなされていたのに、「法案」では消去されたことにも注目しておきたい。社会政策的約束による思想的動員と戦後に予想される大量失業への制度的および思想的な備えとして失業保険の構想は緊要であった。しかし、日本の軍国政府は、一方で年金給付の空約束をして思想的動員と家計収奪の実現をはかることはできても、戦後に必至の大量失業に備える構えも、その余裕もなかったのである。

ちなみに、須藤論文は、この立法による制度が「坑内夫優先の年金制度」であることを指摘した（「この制度は、労働力不足の著しかった炭鉱に著しく有利なものとなった」）うえで、「第三に、保険料は平準保険料方式を採った。一〇〇〇分の六四（坑内夫は八〇）を労使折半とした。これは現在の水準から考えても非常に高い保険料率である。これをもってしても民間資金吸収の意図があったことがあきらかである」と指摘している。国庫は給付費の一割（坑内夫には二割）と事務費を負担するとした。

なお、朝鮮および中国から徴用され、強制連行された多くの労働者たちが劣悪きわまる労働生活条件でももっとも「3K」（きつい、汚い、危険）の炭鉱坑内のとくに採掘現場などに投入されて虐待され、しばしば虐殺されたことも、肝に銘ずべきである。

さてこの法律は、職員にも、最低三年未満の勤務者にも、女性にも適用されないものとした。ところが、受給資格期間を満たさない徴用工と女性労働者の強制動員が拡大されるとともに、彼らにも適用を拡張する必要に迫られた。またそうすることで保険料徴収の拡大も期待されたはずである。

一九四二(昭和十七)年からの準備をへて、四四(同十九)年二月十六日に、法律第二一号として改正法が成立し公布された。この間の経過と検討課題と法律の内容に関する公式の叙述は、『厚生年金保険二十五年史』でなされている。須藤も書いているように、「改正法は社会主義とのかかわりを連想させる『労働者』を廃して厚生年金保険法と名称を改めた」。

改正の要点は、「一 (健康保険法の改正とあわせて)職員・女子および五人以上使用事業所の労働者にも強制適用とした。二 養老年金額を増額した。三 廃疾年金と廃疾手当金を傷害年金と障害手当金にあらため、鉱業法、工場法《こうじょうほう》、労働者災害扶助法《ふじょ》による業務災害の事業主扶助を吸収し、業務上災害への優遇措置を設けた。四 遺族年金を終身年金とし、女子割増金を設置し、業務上災害による死亡に優遇措置を設けた。五 脱退手当金の支給条件を緩和した(徴用工・女子は六カ月以上勤務とした)。その他、女子の結婚手当金を新設し、応《おう》召者《しょう》・入営《にゅうえい》者の保険料を免除し、坑内夫に対し被保険者期間を加算し、国庫負担を増額したこと」である(須藤、一九九一。一部表現を修正)。

この改正以降、適用事業所数と被保険者数が倍増したが、やはり戦時下の「見せかけの拡充」に終り、敗戦とともに事実上いったん瓦壊する。

第二次世界大戦後の再建は、一九四八(昭和二十三)年の法改正で中心制度をなす養老年金などの棚上げを公認することから始め、養老年金を含めての戦後の厚生年金保険制度への転換は五四(同二十九)年の大改定でなされる。いずれにせよ戦時の厚生年金保険制度が布石とされ、その大枠が継承された。戦後の厚生年金保険制度も給付予定額があまりに低劣だったために、やがて大企業では企業年金の上乗せが行われ、厚生年金より高い給付を約束する各種共済年金の別立てによる差別的分立が拡大する。かつまた積立基金の公共事業への流用によって、資金の管理運用への被保険労働者による規制を欠いたまま、高度経済成長政策の資金調達手段とされるのである。

戦時国家独占資本主義の社会保険について

ちなみに横山和彦が服部英太郎の「戦時社会保険論」を「戦費調達」説(むしろその代表論者は近藤文二である)とみなし、「戦費調達」の成果の乏しさを示して、労働移動とインフレの防止こそが本質であったと主張した(横山、一九七七)。これは鈴木緑論文によっても事実上反論されている謬論《びゅうろん》である。政策主体の意図と結果を区別しない研究・論述方法の誤りでもある。

たしかに服部英太郎は、戦費調達の企図を指摘している。たとえば論文「貧困化論と独占段階におけるその特質」のなかで、日本の労働者年金保険制度の特質に関して述べたとき、「現行の厚生年金保険法の歴史的端初」への回顧としてこう述べた。「絶対主義＝ファシズムの帝国主義侵略戦争中一九四一年に創設された『労働者年金保険』は、(ドイツ)ファシズムの『年金保険整理法』(一九三三〈昭和八〉年)による長期準備金積立制度を模倣した強制貯蓄機構として軍事費調達をあらわな課題とするものであった。しかも廃疾養老保険半世紀の歴史的遺産にもとづくドイツの範例とは異なって年金給付ははるか遠い将来に属し、それはむしろ、資本の原始的蓄積期の国営生命年金制の諸計画やドイツ・ファシズムの街頭時代の『社会的強制貯蓄制度』の構想を想起せしめるものであった。このような系譜をもつ厚生年金保険は、本格的給付開始前五カ年の現在、膨大一七六〇億円の基金を蓄積している」(服部、一九六六)。

また服部は講義録、『社会政策総論』の第三章「社会政策論の発展形態、特に社会保険制度の必然性および限界性」の第二節で、社会保険制度の経済的必然性とその効果を論じたなかで、「国家独占資本主義経済がひとたび軍事経済、戦争経済の形態をとり、ファシズムへの傾斜を強化するとき、新たに国家そのものを独占的・排外的な購買力の吸収・封鎖ないし収奪を経済の課題たらしめる。ここにおいて膨大な社会保険の機構もまた、大衆的購買力の統制、その封鎖・吸収ないし収奪のために動員せられねばならなくなった。社会保険と経済との関連もまた、この観点から把握されねばならぬ」（服部、一九六七）といわれた。

ちなみに、一九八〇（昭和五十五）年、チリのピノチェット軍事独裁政権がアメリカの新自由主義および世界銀行筋の社会保障解体・民営化路線にそい、いち早く公的年金制度の基幹部分を私的な金融機関に預託する強制積立年金制度に転換し、公的年金のグローバリゼーション攻勢の世界モデルとして賞揚された事態は、ファシズム的年金改革の今日版を示すものであった（Borzutzky,2001）。

服部英太郎の「戦時国家独占資本主義社会政策論」は、さらに、かかる「経済的必然性」ばかりでなく、ファシズムおよび軍国主義の圧政下においてさえ、国家権力は労働者階級のもつ闘争力の潜在的脅威を重視し、「譲歩による改良」の見せかけを拡充するとともに、階級的自主性を戦時国家体制の戦争目的に熱狂的に献身する「自主性」に転変させて動員することに熱中する「社会的必然性」をも有したが、その反労働者・反国民性のゆえに破綻《はたん》必至となることを繰り返し強調していた(相澤、一九七〇)。わが国の戦時社会政策とそのイデオロギーでさえその軌道をあゆんだことは、すでにみたとおりである。

論』未来社
服部英太郎, 1967『服部英太郎著作集第 6 巻　社会政策総論』未来社
服部英太郎, 1969『服部英太郎著作集第 4 巻　戦時社会政策論』未来社
森喜一, 1974『日本労働者階級状態史』三一書房
Borzutzky, Silvia, 2001, "Chiles Pioneering Privatization", *The Marketization of Social Security*, edited by John Dixon and Mark Hyde, Chapter 3.
山田盛太郎, 1934『日本資本主義発達史』(1934年初出, 1949年第五刷改版で確定, 1977年『岩波文庫』に改版, 1984年『山田盛太郎著作集』第 2 巻で終版)
吉田秀夫, 1983「補論　戦前の農村保険・医療事業と戦後激動期の農業会医療運動」『日本文化厚生連三十年史』日本文化厚生農業協同組合連合会
米窪満亮・鈴木倉吉, 1940『船員保険法解義』興洋社
吉原健二・和田勝, 1999『日本医療保険制度史』東洋経済新報社
横山和彦, 1977「公的年金保険制度の歴史と現状」国民生活センター編『年金制度と高齢労働者問題』御茶の水書房
横山勝太郎監修, 1926『憲政会史』憲政会史編纂所

●——写真所蔵・提供者一覧(敬称略, 五十音順)

朝日新聞社　p. 57, 79
大阪府立中之島図書館　p. 62
大田区立郷土博物館　p. 78
国立国会図書館　p. 59右
順天堂大学・朝日新聞社　扉
東京藝術大学　カバー表, p. 5
独立行政法人国立公文書館　カバー裏
法政大学大原社会問題研究所　p. 26
毎日新聞社　p. 25右・左, 54, 59左
水沢市立後藤新平記念館　p. 21

厚生省五十年史編集委員会, 1988『厚生省五十年史　記述篇』
財団法人厚生省保険局編, 1958『健康保険三十年史(上巻)』社団法人全国社会保険協会連合会発行
厚生省保険局国民健康保険課編, 1960『詳解　国民健康保険』国民健康保険調査会
厚生団編, 1953『厚生年金保険十年史』厚生問題研究会発行
後藤清・近藤文二, 1942『労働者年金保険法論』東洋書館
全国国民健康保険団体中央会編, 1958『国民健康保険二十年史』同会発行
坂口正之, 1985『日本健康保険法成立史論』晃洋書房
坂口正之, 1975「健康保険の経営主体と健康保険組合」『名古屋学院大学論集』名古屋学院大学
佐口卓, 1977『日本社会保険制度史』勁草書房
佐口卓, 1995『国民健康保険—形成と展開—』光生舘
清水玄, 1938『国民健康保険法』羽田書店発行, 岩波書店発売
末廣厳太郎, 1926『労働法研究』改造社
加藤祐治, 1970『日本帝国主義下の労働政策』御茶の水書房
菅野正, 1978『近代日本における農民支配の史的構造』御茶の水書房
杉村宏, 1998『現代の貧困と公的扶助』放送大学教育振興会
須藤緑, 1991「労働者年金保険法の成立」横山和彦・田多英範編著『日本社会保障の歴史』Ⅰ第2章第3節, 学文社
隅谷三喜男・小林謙一・兵頭釗, 1967『日本資本主義と労働問題』東京大学出版会
全国厚生農業協同組合連合会編(高橋新太郎執筆), 1968『協同組合を中心とする日本農民医療運動史(前編　通史)』全国厚生連
大霞会編, 1971『内務省史』第3巻, 財団法人地方財務協会
高橋洸, 1965『日本的労資関係の研究』未来社
谷口恵林, 1950『日本社会事業史』大東出版社
津田真澂, 1972『日本の都市下層社会』ミネルヴァ書房
土穴文人, 1990『社会政策制度史論』拓殖大学研究所
暉峻衆三, 1984『日本農業問題の展開』下巻, 東京大学出版会
内務省社会局, 1926『労働組合法案に関する資料』
中村政則, 1998『労働者と農民』小学館
農商務省社会局保険部, 1935『健康保険法施行経過記録』
服部英太郎, 1966『服部英太郎著作集第5巻　国家独占資本主義社会政策

●—使用文献

相澤與一, 1970「服部英太郎氏の戦時社会政策論の軌跡」福島大学経済学会『商学論集』第39巻第３号

相澤與一, 1983「日本戦時国家独占資本主義労働政策史小論—時期区分と型態を中心にして—」黒川俊男・佐野稔・西村豁通編, 大友福夫還暦記念論文集第二巻『社会政策と労働問題』未来社

相澤與一, 1991『社会保障の基本問題—『自助』と社会的保障—』未来社

相澤與一, 1994「1930年代日本農村の医療利用組合運動と国民健康保険法の成立」九州大学経済学会『経済学研究』第59巻第5・6号合併号

相澤與一, 1995「日本戦時社会政策・社会保険論序説のために」中央大学経済学研究会『経済学論纂』第35巻第5・6合併号

池田信, 1982『日本的協調主義の成立—社会政策思想史研究—』啓文社

猪俣津南雄, 1982『調査報告　窮乏の農村』岩波文庫

ヴェ・イ・レーニン, 「ロシア社会民主党第六回全国評議会, 国営労働者保険にかんする国会法案に対する態度について」大月書店版『レーニン全集』第17巻

大河内一男, 1940 a『社会政策の基本問題』日本評論社

大河内一男, 1940 b『戦時社会政策論』時潮社

大原社会問題研究所, 1971『日本労働年鑑・別巻—太平洋戦争下の労働者状態・労働運動—』労働旬報社

小川政亮, 1964『権利としての社会保障』勁草書房

小川政亮, 1989『社会保障権—歩みと現代的意義—』自治体研究社

風早八十二, 1937『日本社会政策史』日本評論社版(第二版は1957年版)

加瀬和俊, 1998『戦前日本の失業対策：救済型公共土木事業の史的分析』日本経済評論社

カール・マルクス a『資本論』(新日本出版社版, ほか各種版あり)

カール・マルクス b『経済学批判要綱(1857～58年)』(大月書店版『マルクス資本論草稿集』1・2)

カール・マルクス c『経済学批判(1861～63年草稿)』(大月書店版『資本論草稿集』4・5・6・7・8・9)

川村秀文ほか, 1939『国民健康保険法詳解』巌松堂書店

木下秀雄, 1997『ビスマルク労働者保険法成立史』有斐閣

協調会, 1929『最近の社会運動』同会発行

日本史リブレット62

日本《にほん》社会《しゃかい》保険《ほけん》の成立《せいりつ》

2003年11月25日　1版1刷　発行
2019年12月20日　1版3刷　発行

著者：相澤《あいざわ》與一《よいち》

発行者：野澤伸平

発行所：株式会社 山川出版社

〒101−0047　東京都千代田区内神田1−13−13
電話　03(3293)8131(営業)
03(3293)8135(編集)
https://www.yamakawa.co.jp/
振替　00120-9-43993

印刷所：明和印刷株式会社

製本所：株式会社 ブロケード

装幀：菊地信義

Printed in Japan ISBN 978-4-634-54620-2

日本史リブレット 第Ⅰ期［68巻］・第Ⅱ期［33巻］ 全101巻

1 旧石器時代の社会と文化
2 縄文の豊かさと限界
3 弥生の村
4 古墳とその時代
5 大王と地方豪族
6 藤原京の形成
7 古代都市平城京の世界
8 古代の地方官衙と社会
9 漢字文化の成り立ちと展開
10 平安京の暮らしと行政
11 蝦夷の地と古代国家
12 受領と地方社会
13 出雲国風土記と古代遺跡
14 東アジア世界と古代の日本
15 地下から出土した文字
16 古代・中世の女性と仏教
17 古代寺院の成立と展開
18 都市平泉の遺産
19 中世に国家はあったか
20 中世の家と性
21 武家の古都、鎌倉
22 中世の天皇観
23 環境歴史学とはなにか
24 武士と荘園支配
25 中世のみちと都市
26 戦国時代、村と町のかたち
27 破産者たちの中世
28 境界をまたぐ人びと
29 石造物が語る中世職能集団
30 中世の日記の世界
31 板碑と石塔の祈り
32 中世の神と仏
33 中世社会と現代
34 秀吉の朝鮮侵略
35 町屋と町並み
36 江戸幕府と朝廷
37 キリシタン禁制と民衆の宗教
38 慶安の触書は出されたか
39 近世村人のライフサイクル
40 都市大坂と非人
41 対馬からみた日朝関係
42 琉球の王権とグスク
43 琉球と日本・中国
44 描かれた近世都市
45 武家奉公人と労働社会
46 天文方と陰陽道
47 海の道、川の道
48 近世の三大改革
49 八州廻りと博徒
50 アイヌ民族の軌跡
51 錦絵を読む
52 草山の語る近世
53 21世紀の「江戸」
54 近代歌謡の軌跡
55 日本近代漫画の誕生
56 海を渡った日本人
57 近代日本とアイヌ社会
58 スポーツと政治
59 近代化の旗手、鉄道
60 情報化と国家・企業
61 民衆宗教と国家神道
62 日本社会保険の成立
63 歴史としての環境問題
64 近代日本の海外学術調査
65 戦争と知識人
66 現代日本と沖縄
67 新安保体制下の日米関係
68 戦後補償から考える日本とアジア
69 遺跡からみた古代の駅家
70 古代の日本と加耶
71 飛鳥の宮と寺
72 古代東国の石碑
73 律令制とはなにか
74 正倉院宝物の世界
75 日宋貿易と「硫黄の道」
76 荘園絵図が語る古代・中世
77 対馬と海峡の中世史
78 中世の書物と学問
79 史料としての猫絵
80 寺社と芸能の中世
81 一揆の世界と法
82 戦国時代の天皇
83 日本史のなかの戦国時代
84 兵と農の分離
85 江戸時代のお触れ
86 江戸時代の神社
87 大名屋敷と江戸遺跡
88 近世商人と市場
89 近世鉱山をささえた人びと
90 「資源繁殖の時代」と日本の漁業
91 江戸の浄瑠璃文化
92 江戸時代の老いと看取り
93 近世の淀川治水
94 日本民俗学の開拓者たち
95 軍用地と都市・民衆
96 感染症の近代史
97 陵墓と文化財の近代
98 徳富蘇峰と大日本言論報国会
99 労働力動員と強制連行
100 科学技術政策
101 占領・復興期の日米関係